# 山大创业者在路上

曹利华 著

山东大学出版社

山东大学教育教学改革研究项目:《赢在创业》山大创业荣誉学分课程体系建设——以山大人的创业精神和创业实践为基础(2019Y284);在线优课群专创融合微专业协同育人新机制与山大实践(2019Z05)

山东大学“课程思政”示范立项建设课程项目:《创业基础》课程思政建设

# 序　言

当前中国正在大力实施“大众创业、万众创新”战略，积极发展创新创业文化，激发民族的创新思维和创业精神，掀起了创新创业新浪潮。在新浪潮的引领下，创新创业教育成为众多高校聚焦的核心之一。

山东大学积极响应国家的战略部署，以创新创业教育为导向，把创新创业教育作为高校人才培养模式改革的重要突破口，构建了开放式、多样化的“创新创业教育训练平台”。为了把创新创业教育付诸实践，山东大学专门制定了《创新创业教育行动方案》，成立了创新创业学院。创新创业学院是学校为了更好更快地实施创新创业教育所打造的一个平台，目标是让丰富的创新创业资源就像一架架飞机一样降落在这个平台上，这个平台就是一艘航空母舰，起到引领全局、整合资源、统筹推进的作用；同时，鼓励创新，凸显特色，让创新创业教育在学校形成多点突破、竞相迸发的局面。

学校的创新创业教育与专业教育两者要结合发展，不可偏废。创新创业教育与专业教育同等重要。过去，我们的创新创业教育还只是“课间操”“午间茶”；现在，学校在充分理解国家的创新创业战略的基础上，对“大众创业、万众创新”的工作也有了更明确的定位，意识到了为学生注入创新创业基因的重要性，因而将创新创业教育纳入人才培养方案，使其成为人才培养过程不可或缺的重要组成部分。具体来说，就是由过去的“展台”变为“讲台”，由“展品”变为“产品”，将学生取得的创新创业成果计入课程学分。同时，学校也要改变对学生创业的态度，要允许休业创业，要宽容失败，建立宽待创业的“容错”机制，评判创新创业教育成果大小的标准不是是否“创业”成功，而是是否让学生在进入社会前得到了创新意识的培养和创业能力的锻炼，是否有利于提高人才培养质量和促进学生社会竞争力的提高。

本书所采访的创业者，均是近年来在“双创”浪潮中涌现出来的优秀代表，也体现出山东大学创新创业教育的成效。让创新蓬勃发展，让创业尽显风采，山东大学的创新创业教育已扬帆起航，正在“向青草更青处漫溯”，未来也将实现“满载一船星辉，在星辉斑斓里放歌”的美好愿景。

2019 年 10 月

# 目　录

# 蔡镇：乐观的“南方犹太人”

色彩亮丽的短T恤，炯炯有神的眼睛，初见蔡镇，给人一种神采飞扬、朝气蓬勃的感觉。

“我这个人向来乐观。”蔡镇在采访中这样评价自己，在讲述英米的发展过程时，他从未流露出任何负面情绪。

“像我这样的‘南方犹太人’，给我一粒种子，我就能让它发芽。”

蔡　镇

## 1. 埋下创业的种子

蔡镇来自南方，是山东大学德语系 2011 级本科生，英米网络科技有限公司创始人。

在选择选修课时，同学们大都不会选自己本专业的语种，但蔡镇在大二时偏偏选了德语的选修课。“教这门课的是一位年轻老师，他偶尔会晚到。我就想，如果他晚到的话，自己可以趁这个时间去教大家一些发音之类的，反正我也学了一年多德语了，有基础。”就这样，蔡镇在老师晚到时充当起大家临时的德语老师。时间久了，同学们慢慢开始喊他“学长老师”。蔡镇笑着说：“最初选德语选修课确实有混学分的想法，但后来听到大家这样叫我，还挺有成就感的，很享受当老师的感觉。”

然而，享受当老师的成就感，和进军教育行业，中间还隔着千山万水。

大三时，蔡镇到华东师范大学交流学习。“在华师和交大这里比较流行‘饿了么’。我当时比较懒，就经常在宿舍里用‘饿了么’点餐，当时我的积分可高了，还兑换过雨伞之类的。”蔡镇笑着说。

“饿了么”的成功创业，让蔡镇也曾考虑到济南复制这种模式，但又随即被他坚决否定了。“因为济南是在北方，冬天下雪，路上易结冰，员工会有摔伤的风险，而且这个风险是不可控的。”

做事考虑周到，连不可控的风险也要考虑在内，蔡镇认为这是一种很重要的商人思维。潜意识里的商人思维和对教师职业的向往，促使他在心里埋下了创业的种子。

## 2. 种子破土而出

“我有一个 idea（想法），你要不要来一起干？”

在经历了大一时做家教，大二时教德语，大三时思考“饿了么”的创业方式后，蔡镇在大四时决定试着创业。

“当时大家都快要毕业了，也没什么事，我就找了几个人一块试着教书。”这是英米的雏形。

英米团队聚餐

“其实当时是不赚钱的，所以大家也都没问我要工资，不过我会隔几周请大家吃个饭之类的。”随着毕业季的到来，朋友们都各奔东西，但蔡镇在家人的支持下，决心继续干下去。

在谈到“当初怕不怕未来可能会遇到困难”时，蔡镇说，他眼中的事情只分为“行”或“不行”，只要是“行”的事，即使将来会遇到困难也无妨，只不过过程曲折一些罢了。于是在大四的时候，蔡镇一边在电视台实习，一边向学校申请了上课用的办公室。在实习期结束时，正好办公室申请也批了下来。

联通创业社内授课

“一切确实都挺顺利的。”

虽然最初的办公室只是山东大学中心校区北门联通创业社的一小块场地，蔡镇依然感到幸运，他最终辞了电视台的工作，来英米专心当老师。“去电视台上班一个月也就五六千元而已，我上课一个月也能挣这些钱。既然钱都差不多，我为什么不去干自己想干的事呢？”

英米，这个最初心中的种子破土而出，萌芽长成了现实中十几平方米的小教室。

英米徽标(LOGO)

## 3. 经历风霜雨雪

“妈妈，我创业赔了点钱。”

“多少？”

“三十万。”

在正式开始创业之路时，蔡镇收到过几个投资人的投资。

一开始投资人说，欣赏蔡镇这样年轻有为的大学生，愿意支持他们去做些事。但后来因为一些缘故，投资人撤资了，这就意味着蔡镇身上背负着十几万的欠债。虽然有学法律的朋友告诉蔡镇，如果让公司破产他可以不用还这些钱，但蔡镇还是下定决心让公司继续经营下去。

当时蔡镇只把这件事告诉妈妈了，连爸爸和弟弟都瞒着。“我觉得公司的名字起得太好了，放弃多可惜啊。其实当时公司一直赔本，前前后后加一起亏了三十多万元，最后是用家里的钱补上的，还是我妈偷偷给我的。”当时承受着巨大心理压力的蔡镇，并没有在朋友和其他家人面前表现出来。他打趣道：“当时让我弟弟过来当教务，他还以为公司前景很好，其实背后有一个大窟窿。”

但压力并没有压垮蔡镇。虽然当时他住的还是青年旅馆，身上有巨额负债，公司的前景仍不明朗，但他坦言自己从来没有绝望过。“我就是一个很乐观、开朗的人。”他说，“那段时间，白天和同事讨论，晚上加班，回家就刷刷微博，每天睡三个小时就差不多了”。被问到是否会对投资人有怨言时，蔡镇坦言自己不怨，“人家撤资也有人家的道理，我不埋怨别人，也由此结交了很多朋友”。

跟我们讲述这段经历时，蔡镇语气平和，没有抱怨，更没有绝望，从始至终，他都能用积极的态度来消化压力，直面挫折。

## 4. 不断突破发展

“正在上着自习，会有人突然问你，‘同学，你要这个吗？！’‘同学，你要那个吗？！’”蔡镇的朋友丰子翔回忆起2015年的这件事，还印象颇深。

当时蔡镇为了宣传英米，让更多的人知道英米、加入英米，组织了一场营销比赛。“比赛有200人参加，而且都很积极。当时去兴隆山校区送营销的货物时，车还抛锚了。”他笑道，“最后因为有些选手过于‘积极’，比赛还被人投诉了”。除了这件事外，蔡镇还“折腾”过许多其他的事。

“我们为了宣传公司，就进小区发传单。但那些小区都是封闭的，我们就只好跟保安谎称找人，结果进了小区后，发现进楼还要刷卡，就跟在住户后面溜进去。”他笑笑又说，“三万份，十多层楼，一层一层坚持下去。保安还追着我们赶，就像猫捉老鼠一样。”

自信的英米人

这些经历对蔡镇而言，既是公司宣传的策略，也是有趣的回忆。蔡镇认为，去体验、去了解社会，就是要从最底层做起，这些都是珍贵的经历。有了先前的种种努力，英米慢慢有了起色，逐渐发展壮大。它就像一棵小树苗，在蔡镇乐观心态和智慧策略的指引下，不断成长。

## 5. 茁壮向阳生长

“我是一个很擅长计划的人。”谈到英米的未来时，蔡镇说：“我们会尝试在其他大学发展。英米不是只在山大，在其他大学也会有它的身影。我们的核心竞争力就是人才。”“我们希望能够在人才引进方面得到更多来自学校的帮助。”

目前，英米团队共有近 30 名成员，年营业额达到 200 万人民币，它像一株新生的嫩芽一样破土而出，向阳生长。

现场授课

被问及未来教育行业是否会实现平台网络化的一对一教学时，蔡镇坦言“可能会，也可能不会”，因为在蔡镇心里，人与人面对面的接触，比隔着屏幕的交流要更有影响力。老师用自己的嘉言懿行引导学生，是无法被网络所替代的。“我们不仅是在教知识，也是在教做人。”

犹太人一直被认为富有智慧、善于经商。把自己比作“南方犹太人”的蔡镇，有着自己的商人思维和“蔡镇哲学”。他有着一颗“大心脏”，能够积极面对巨大的压力；他也有着一颗“强头脑”，善于制定规划且思虑周全。在我们采访的过程中，有很对家长来咨询，想让孩子到英米学习。希望这位乐观的“南方犹太人”，用他的“大心脏”和“强头脑”，种下更多的种子，然后让它们破土发芽。

# 程传宝:为自己鼓掌

“我很佩服三种人:第一种是不甘平庸,不沉于安逸,一心想做出一番大事业并且不断为之奋斗的人;第二种是有激情,有毅力,无论遇到什么样的困难都不会轻言放弃的人;第三种就是有自信,自己为自己鼓掌的人。如果您是这样的人,请为自己鼓一下掌。”

在一次题为《创业,点燃激情》的演讲中,年轻的主讲者如是说。

程传宝

“在我们的人生道路上，有许许多多的分岔路口，许许多多的选择要做。而我，一直很佩服那些无论做什么决定都能为自己、为勇敢鼓掌的人。”

照片中这个身着红衣，背靠红墙的男生，是山东大学软件学院 2009 级本科生程传宝。2013 年，程传宝被保送为山大的硕士研究生。以这里为起点，他开始了一条看似一帆风顺但是又充满风浪的道路——创业。

整个研究生阶段，程传宝和同学们一起合伙创业，从 2015 年 11 月北京迷之科技正式注册成立始，距离现在已经有了近 4 年的时间，程传宝的创业路越走越宽阔，越走越坚定。

公司徽标(LOGO)

“现在这个公司已经完全具备了自造血能力，这倒不是说不需要其他资金，而是说我自己能够完完全全养得活自己，公司处于稳步上升的状态。”程传宝说到目前的创业状况时神采飞扬。

在采访中我们得知，程传宝这个团队主要是担任移动互联网的产品解决方的角色。公司的团队研发一般分两条线：一条线是自己研发产品。一旦市场有需求，他们就会去做一些成型的产品来满足市场。公司的产品范围涉及很广，不管是针对个人使用的软件，还是针对企业、政府使用的软件，“迷之科技”都有丰富的研发经验。

另一条研发路线，是给企业、政府、

产品——Mark Here

个人做定制开发。比如为政府建立一个信息化系统，或者根据企业的需求完成定制开发。

现在“迷之科技”公司做得比较多的是移动端的开发。比如原本需要工人去现场操控设备，通过移动端，就可以用一部手机进行管理，而且在一般情况下管理者不需要到场。这种移动端的开发极大地提高了企业的效率，节省了人力和时间。

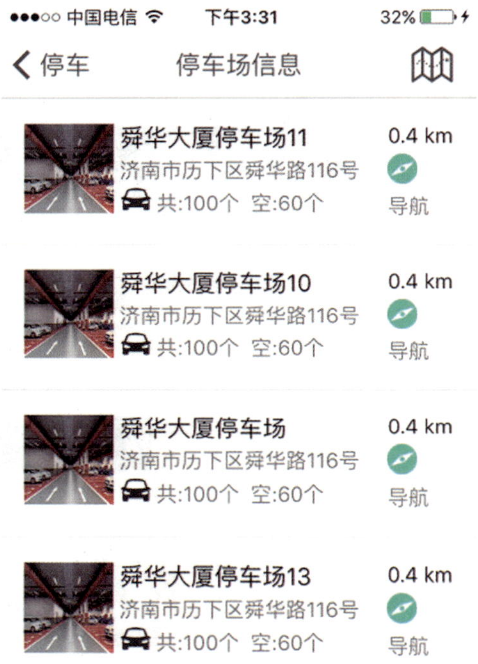


产品——分享停车

程传宝回忆起自己最开始的创业旅程。他很早就有了创业的想法，并认为这与自己从小想要去冒险挑战的性格有关。本科阶段，程传宝就比较多地关注这种创新创业的事情。但是当时山东省的创业环境并不是很好，程传宝仅仅有创业的想法，而从想法跨越到付诸实践，需要付出，更需要合适的机会。程传宝就在等待这样一个机会。

读本科期间，程传宝担任过学校创新部部长；读研究生期间，他进入山大软件学院的硕士研究生会，跟老师协商成立了一个创新创业部门，对资源做了有效整合，专门负责创新创业。创新创业部虽然属于硕士研究生会，但是好多活动都覆盖了整个校区。程传宝在部门里面担任部长，跟着张四化老师一起成立了一个西格玛团队。

对于学计算机软件的学生来讲，有一个实践的平台是很重要的，他们需要这样一个平台去锻炼或者提高自己契合市场化需求的技术能力。在当时，这种实践性的平台是少之又少的，而西格玛团队正契合了这样的一种需要。

西格玛是希腊字符，其含义是累加求和。西格玛团队的名字是院长陈宝权起的，他希望把几个实验室学生的力量凝聚起来，使他们的综合实力得到一个质的飞跃，这也是西格玛团队建立的初衷。有了西格玛创业这个坚实的基础，程传宝后来的创业就容易多了。

除了西格玛团队，学校对于程传宝的助力还体现在另一方面——创业伙伴。

程传宝笑着回忆道："西格玛团队里有七个人，有的是我们山大毕业的同学，有的是后加入进来的工程师。比较幸运的是，我的合伙人是我大学室友，我攻读硕士学位的时候，他已经工作了，我们一有机会就交流，有的时候还聚到一起，讨论想法和创意。后来大家觉得时机差不多了，就一起合作了。所以我们的组建是以信任为基础的，也免去了不必要的磨合。"

团队核心成员

“这几点上我很感谢山东大学这个平台。”程传宝非常真诚地说。

就这样，程传宝开始了自己的创业旅程。对于公司的核心竞争力，程传宝提到了三点：一是技术，二是产品研发能力，三是团队协作。“一个有凝聚力的团队，是可以避免很多麻烦的。”

回归到“为什么会选择创业”这个话题时，程传宝给出的回答是：“人生那么长，还是遵从自己的内心，实现自己的人生抱负。这个说实话是没有对和错之分的，只是个人的一个选择。”

从程传宝的访谈中，我们也能感受得到，有很多东西是需要你去跟着学，跟着磨砺，才能有所收获，而这些东西，是你在学校里学不到的。我们要保持着以一种比较谦虚的姿态，不断地去吸收周围的经验和教训，慢慢地有了一定程度的积累，日后一定能用得上。干什么事不可能一蹴而就。这一点在创业中非常重要。

行走在路上

那一些在生活中汇集到的、得到的“灵光”，即使不能燃起熊熊大火，也能燃起微小的烛光，照亮我们前进的路。

当然，我们亦要学会为自己鼓掌，人生的长度，不过就是，我与我愿。

# 李春阳:从商业计划书走向商业现实

李春阳,山东大学政治与公共管理学院行政管理专业2013级本科生。2016年创建山东结果电子商务有限公司,围绕无花果推出了鲜果、冻干、果酒、饮料等多种产品。

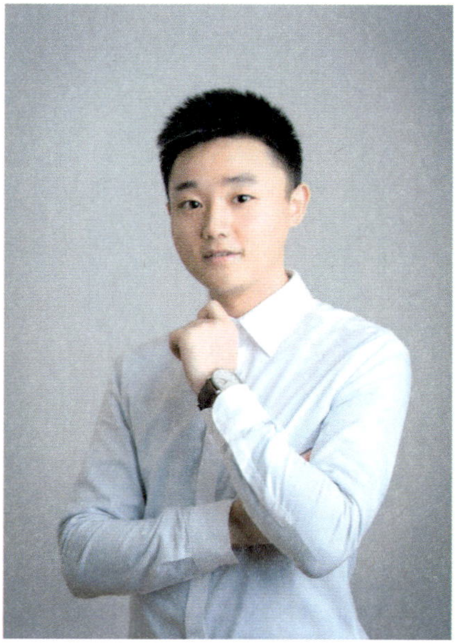

李春阳

也许你听说过一个有点惊悚的传言：每一个好吃的无花果里都藏着个死黄蜂。

其实这不是传言，而是事实。无花果食用的部分实际上是花，内部都是花蕊。花需要授粉以便繁殖，但由于无花果花蕊藏于内部，所以帮它传粉的黄蜂需要爬进里面给花授粉。雌性黄蜂通过一个狭窄的小孔钻入无花果中产卵。它的卵会孵化，其中雄性首先孵化，然后从无花果中飞出，寻找有雌性黄蜂的无花果进入，并与之交配，然后死去。雌性黄蜂携带受精卵和花粉飞走，开始新的循环。无花果则会将死去的黄蜂分解为可被植物吸收的蛋白质。

如此特别的无花果，也开启了一个创业者奇特的创业旅程，这个人就是李春阳。

## 1

李春阳的创业历程像极了无花果的生命历程，只不过，李春阳的“无花果”里，藏着的是一个死去的商业计划书。的确，这份商业计划书也成了李春阳的营养物质。

2015年山东大学“挑战杯”上，一份特殊的创业计划书呈现在评委面前。说它特殊，是因为其主打方向是一种非常小众的水果——无花果。小水果大文章，几个年轻人凭着创业的激情匆匆起草了商业计划书，可惜因为时间紧张、准备不足，比赛第二轮就被淘汰掉，无缘决赛。

出师不利，商业计划书就这样过早地“夭折”了，通过比赛崭露头角的梦想像肥皂泡一样，轻易被扎破了。

梦想虽然破灭了，但当时正读大三的李春阳并没有泄气，反而更加执着于神奇的无花果。因为在商业计划书准备前期，大量的调查论证结果告诉他，此事大有可为。无花果自身的药用价值、经济价值决定了它有一定的市场需求，如果结合电子商务模式，配合一些深度加工的多样化产品线，可做的空间还是挺大的。

因此，虽然没有拿到名次，虽然商业计划书看似是一个被快刀斩于马下的“失败品”，但对李春阳来说，这次经历却开启了他的创业大门。

## 2

从想法到迈向实践要有一个心理上的突破，对于李春阳来说，“压死骆驼的最后一根稻草”就是保研。

大三，面临保研和创业的选择，李春阳犹豫不决。一开始他也想好好学习，争取保研，但到最后关头他才发现，保研不适合自己，自己想要的不只是理论，更多的是社会实践。

说干就干，带着年轻人的冲劲儿，本科还没毕业的李春阳注册了自己梦想中的公司——山东结果电子商务有限公司。

公司徽标(LOGO)

看似寻常的公司名，却包含着李春阳的细细盘算。现在注册公司不需要验资，因此李春阳选择了300万人民币的起点，并以“山东”冠名。

现在公司的主要业务以无花果为主，但产品线在不断地丰富，主要有无花果鲜果、无花果冻干、无花果酒、无花果饮料等一系列产品。现在李春阳的团队里有全职工作人员，也有在校大学生这样的实习生，核心团队有13～15人。

无花果

据了解，公司前期模式以电子商务为主，扁平化的团队设计、简洁的公司架构是它的特色，而选择电子商务这一模式也给初创团队省下很多的建设成本。

从2016年6月成立至今，公司已经实现了从个人投资到维持运营再到盈余的转变。

## 3

对于每一个新生企业来说，资金都是一大难题，李春阳也不例外。不管是原材料还是渠道的建设、宣传以及平台的开发，都需要大量的资金投入。虽然李春阳有融资的规划，但提到融资，他还是慎之又慎。

李春阳创业的初衷是打造一种新的生活方式和生活概念，而外部资本的目标是盈利，带有强烈的商业性质。“前期如果有外部资本注入的话，会造成股权稀释，公司的发展方向不受控制，不利于公司向既定目标前进。”所以，李春阳选择了创始人募集资金，靠自己的投入先把雪球滚起来，然后根据每个人的出资情况进行股权分配。

创业是一种风险极大的选择，在实践中会遇到各种各样的困难，比商业计划书中说的要复杂得多。摆在李春阳面前最重要的，就是团队的聚散。

李春阳通过股份和团队沟通来加强凝聚力。在公司的发展过程中，团队成员肯定会有不同的“目标”，这与每位成员的生活环境、生存状态是分不开的。如果有想退出的，李春阳表示，“只能说大家的选择不一样”。

公司最初的四个合伙人均来自山东大学不同的院系，有物流管理专业的，有艺术设计专业的，有工商管理专业的，但四个人跌跌撞撞一路走来，只剩两个人继续着无花果的事业。李春阳说：“事情没有想象中的这么简单，我尊重大家的想法。”

虽然李春阳尊重大家的想法，但“磨合”问题还是非常现实地横在李春阳的面前。他举了一个例子。有一次设计一个产品包装，先前负责的人员没有和后面负责的人员做好交接工作，最后使用了错误的包装字体，不得不重新制作包装，这样既没有满足用户的需求，又浪费了一部分的原材料和资金。虽然事后负责人作出解释和赔偿，但对公司的形象也会有影响，非常不利于公司的发展。

团队成员

其实创业期这种小插曲有很多，李春阳把这些归因于经验不足。因此他对于大学生创业这一现实的问题也表现出担忧：“客观上来说，我不支持大学生创业，因为60%的大学生内心比较脆弱。当然，如果你做了充分的准备，那就另当别论。”

## 4

由于经验不足，公司刚开始很难找到打开市场的渠道，但经过一段时间的摸索，李春阳也找到了自己的路子。

公司目前已经和固定的农场合作，每年的7～11月的鲜果期，可以直接对外销售鲜果；其他时间则开展深加工，公司负责研究配方，然后找外包企业进行加工，后续的宣传销售都由公司自己来完成。

一年的时间里，公司将销售平台由最初的淘宝平台转移到了战略合作平台和微信端，同时通过外联商家和企业家商业峰会寻找开拓市场的机会。

无花果制品

除了纯粹的线上营销，公司还开拓了社群电商业务板块，通过线下布局的实体店进行销售。实体店主要有烘焙店、干果店，细分人群主要是18～28岁的女大学生、女白领。

关于细分人群，李春阳解释道："大多女性追求的是开花结果、内修外秀，正如无花果一般，因此把无花果打造成女性代表零食是再合适不过的。要结合无花果的属性与历史文化，将其打造成为新时代女性的'图腾'。""如果把人格美学和生活美学融合其中，可以发掘的东西还是蛮多的。"

面对电商圈里激烈的竞争和飞速发展的互联网技术，李春阳表示，无花果品牌要做小的品类，用专而精的小品类产品提高市场竞争力；以威海地区的无花果为切入点，嫁接一些社群的项目，加上线下的体验馆，逐渐发展无花果项目。

创业至今，回顾走过的路，李春阳表达出对母校由衷的感谢。同时，李春阳站在创业者的角度向学校提出几点建议。

第一是初创时期的场地支持，第二是团队建设项目和公司财务方面的培训，第三是对政府部门创业优惠政策的公示和讲解。大学生很少关注政府网站，学校为创业者公示和讲解政府的相关补贴政策，会让创业者少走很多弯路。此外，如果学校能为大学生创业引进资金，这将是创业者的福音。

“学校凭借其独特的地位，可以起到连接创业者与投资机构的桥梁作用。”李春阳说道。其实，投资人与初创者一旦实现了对接，无形中就形成了一个创业的大空间。在这个空间内，投资人和创业者可以进行项目与投资的筛选与匹配。

经历过温和细雨，也经历过惊涛骇浪，如今的李春阳赠给青年创业者四个锦囊。

一是好的项目和好的商业模式，“项目＋模式”是创业的重要先决条件；二是有一支“同仇敌忾”的团队，大家志同道合，目标一致，即使面对艰难困苦，也能携手并进；三是启动资金的强有力保证；四是寻找同领域的前辈带领自己走这条创业路，经验和教训是初创者的宝贵财富。

创业的历程就是孕育珍珠的过程，绚烂出于一次次的痛苦，即使满身疲惫，也要擦干眼泪继续向前。一路走来，虽然坎坷，但当初那份被淘汰掉的创业计划书已经开出花来，像无花果一样一点点被李春阳赋予生命力。

# 李洪坤:温柔自有万钧之力

“你当温柔,却有力量。”

这样一句饱含鸡汤的语句,却完美地诠释了李洪坤的创业生涯。她精干、漂亮,常常穿梭于济南的大街小巷,在车水马龙之中寻找下一个机会;车辆扬起的尘土,丝毫掩盖不住她眼中的神采,这也是她对创业矢志不渝的热爱。

李洪坤

李洪坤，山东大学法学院2014级研究生，法学和管理学双硕士，也是雨滴教育的创始人。说话温柔又不失干练的她，掌管着一支数量庞大的团队。本应该平淡如水的大学生活，李洪坤过得风风火火，创业这条路，她亦走得很精彩。

之前的受访者大都是毕业之后选择创业，然而李洪坤却显得有些“早熟”，她早在高三毕业时就开始创业了。当时的李洪坤只召集了几个同学就开始创办辅导机构，两个月下来竟然赚足了大学期间的生活费。“从高三毕业开始，我就感觉自己是一个兼职学生，全职创业者。”的确，李洪坤似乎从来没有经历过创业者常有的、面临选择的瓶颈期。提及原因，李洪坤用“热情”两个字简单地一笔带过。“要有足够的热情，才能做好一件事。”热情和情怀是李洪坤的私人“海洛因”。“做教育就是我喜欢的事情，我很享受这个过程。小孩子一下子抱住你，又突然亲你两口，那种感觉很惊喜，也很享受。”虽然外表看起来雷厉风行，提起对孩子的喜爱，李洪坤脸上仍不由得露出喜悦之情。因为喜爱所以执着，因为执着所以收获颇丰，现在雨滴教育依靠着李洪坤及其团队逐步积累起来的人气已经发展得小有规模了。如她所愿，孩子们热爱这个富有情怀的地方。

公司徽标（LOGO）

除去热爱，由于她本人从小缺少优质的教育平台，李洪坤内心似乎铆着一股了却儿时遗憾的劲儿，在建造教育平台的道路上忘记了休息。这么多年来，她不知疲倦地开拓市场、招揽英才，把工作当成休闲。大二那年，她便招兵买马，在长清、仲宫、商河和济阳四地招收了上千名学生，在当地形成了不小的影响力。用她的话来说，思维的交换和利益的获取是两件既难得又富有意义的事情，而做教育恰到好处地实现了这两点。为了把独到见解传达给别人的理想，为了实现目标所带来的成就感，李洪坤从来不把创业的压力当作包袱；相反，创业带给她的精神收益似乎远远超过了我们的想象。

“自信”是李洪坤给我们留下的最深印象。她告诉我们，自己从未担忧过创业失败带来的种种困难，所以“尝试”成为了她生活的常态。

一次李洪坤的朋友问她，为何手中没有资源就敢接重汽集团的培训？面对这样的质疑，李洪坤却没有露出丝毫怯懦：“没有资源可以再找，没有时间可以找人来做，但是机会没有了就无法挽回了，所以这种可遇不可求的良机要先拿到再说。”果敢如她，在浪潮、中建八局、济南国际机场的培训项目上连连告捷。

李洪坤说，自己的这家创业型的公司之所以有机会可以和世界500强的公司一起合作，就是因为她所采取了一种全新的教育方式，即线上与线下相结合：线上采用真人外教“一对一”辅导，每周两节课，每节课25分钟，模式类似于“51 Talk”；线下每周有一节课，教师和学员面对面交流，有真实感，容易形成一种学习的氛围。这种线上与线下相结合的教学模式，比单纯的线上教学或者线下教学都有优势。李洪坤说：“‘尝试’实际上是一种创业者的思维方式。如果我们还未开始行动就给自己设下了重重壁垒，心想‘万一失败该怎么办’，那么连自己的心墙也会很难跨越。”而有一类人会想，万一这件事成了怎么办？所以成功需要行动，道路需要探索。坚持这样一种思维模式，李洪坤从没有怀疑过自己，而现实也给自信的她以不错的答复。

对于教育创业者来说，人才自然是最重要的因素。对于这一点，李洪坤也从来没有怀疑过自己的感召力。用她的话来说，人才招募的关键便是“真诚”。只要足够真诚，加上极低的风险和可靠的承诺，身边自然会聚集一批贤士，正所谓“桃李不言，下自成蹊”。团队中有一个女孩名叫安娜，是个高考英语接近满分、过了专业八级的“大牛”。在原公司，她的月薪是8000元。机缘巧合，安娜与李洪坤的团队在曲阜相处了一天，回来之后她便毅然决定加入雨滴教育的团队，尽管李洪坤许诺给她的底薪只有2000元。这个像电影情节一般的故事令我们讶异不已，李洪坤却说，她不过满足了“每个人都有的那颗创业的心”。一个独立的项目，李洪坤也敢于让员工放手去做，利益或损失由个人全包。这样一来，员工的责任心和积极性也就有了保障。安娜无疑将自己的任务完成得很出色，现如今她的月收入可以和以前基本持平。按李洪坤的话来说，1 分的好处，能给 1.2 绝对不会给 0.8。“只要别人愿意跟着自己干，就没有做不起来的项目。”

李洪坤和外教

雨滴团队成员

生命不息，学习不止。“我觉得挣钱是一件很有意义的事，它可以体现你的价值，我很享受这个过程。”但这似乎没有耽误她的学业，相反，创业的筚路蓝缕让李洪坤感受到学习相对而言简单得多。勤奋是她从创业之中获取的最大一笔财富。因为深谙学习之道，李洪坤用两个月的时间就通过了司法考试；用三个月的时间考上了山东大学法学专业的研究生，其中一门课接近全国最高分。“学习一定是有方法的。”李洪坤一直在重复这句话。即使在备考研究生的时候，她也身兼数职：管理一个多达400人的培训班；作为一名准律师，参与了一起案件的审判。忙于多件事的她，并没有不知所措，而是学会了迅速转换角色。在常人必定会心生倦怠的时候，李洪坤却毫无退缩之意。“为喜欢的事情做的一切都不叫付出，多巴胺让人永远不知疲倦。”

创业亦是一段冷暖自知的旅程，李洪坤比谁都清楚这个事实。在大二的时候，她因为利益分配问题与合作伙伴起了争执。当矛盾白热化的时候，双方吵得不可开交。涉世未深的李洪坤也是第一次明白，利益至上的社会容不得丝毫偏差存在。从那之后，她意识到了创业者自我保护的重要性，而在研究生阶段学习法律，使用法律为自己的创业保驾护航的理想，也从那时起便埋下了种子。现如今的李洪坤反而感激这段经历：“若不是这件事，我不会那么快懂得合作之前一定要有事先的约定或合同，这可以在关键时刻保护你。法律绝对是身处生意场上之人的保护伞。此外，一定要学会尊重别人，也一定要舍得把利益分给别人，绝不亏欠……”让李洪坤事业风雨飘摇的是挫折，让她不断成长的也是挫折。心怀感激之情，并敢于正视它们，李洪坤凭借着强大的内心不断地磨砺自我、超越自我。

三人行，必有吾师。李洪坤很珍惜遇到的每一个人。她说，如果用心体会的话，从每个人身上都会学到难能可贵的优秀品质。并非每个人都是她的贵人，但用对待贵人的态度去对待他们，怀揣感恩之心，就是李洪坤的处世之道。“我认为你有必要善待每一个人，因为你永远不知道谁会在何时拉你一把，也不知道前方有什么在等着你。”正是因为心怀善意，所以时常有令她感动的事情发生。一次李洪坤去德州做讲座，每个人有40分钟的演讲时间，快到李洪坤上台发言的时候，她却突然感到身体不适。周边的人觉察到了她的异样，便主动地通知了其他参与讲座的人员，要求每个人把演讲延长10分钟，这样她最后少讲一点就可以了。李洪坤感受到了团队的温暖，也更加深刻地体会到了与人为善的快乐。无论何时，坚守一颗星光般明亮的心，我们会得到银河一样璀璨的回报。

李洪坤坦言，创业的人过的是“猪狗不如”的生活，因为对他们而言，任何时候脑子里都绷着“工作”这根弦。在他人眼里，李洪坤从来都是风风火火的“工作狂”，她活出了一个理想的模样，尽管这个过程注定是辛苦的。创业是一件催人成长的事情，但绝对不是每个人都适合的事情。李洪坤为具有创业潜力的人总结了三条特质：首先要有强烈的目标感；其次是完全不怕在创业过程中吃苦头，最后要嗅觉灵敏、定位准确。

谈及母校山大，李洪坤用“收获颇丰”四个字加以概括。她说，相比本科学校山东师范大学，在山东大学的研究生学习经历让她拥有了一个更加开阔的平台，“不仅丰富了自己的眼界，也认识到了一个未知的自己”。她也准备尽自己所能回馈山大的后辈。“我希望能够投资一些有前景的学生项目，甚至可以为创业的同学设立奖学金……”

“创业会让一个人的眼界变得更开阔，它也能带来一些直接的经济收益，让你有能力去认识这个世界，享受这个人生。”李洪坤通过创业成就了自己，她温柔的外表下隐藏的，是深沉的力量。愿她下一步开启的道路，也如烟花一般异彩纷呈。

# 向京慧：敢做敢当的“别样”人

创业并非外人所见般光鲜亮丽。只有心甘情愿地吃苦，只有勇敢地去面对压力与风险，只有懂得市场的需求并真正制定出适合公司发展的长远规划，才能有机会在创业路上越走越远。这是向京慧在自己的创业路上的真实感受。

向京慧

向京慧，山东大学历史文化学院档案专业2014级本科生，而年纪轻轻的她现在已经是别样正装的总负责人。

机缘巧合之下，向京慧结识了别样正装的创始人万康，几番交流后，向京慧凭借一颗真诚勇敢的“初心”加入了“别样”团队，由此开始了她的别样大学之路。

谈及加入“别样”时的心理活动，向京慧坦承，创业者所承受的心理压力可能会把人压垮，创业过程中的那些挫败感甚至会让你怀疑人生。所以向京慧再三强调，创业者一定要做好心理准备。

## 1. 创业就是敢做敢担当

创业想法的落地需要主动出击，准确定位发展路径，大声地说出你的想法去吸引别人。在向京慧看来，从0到1的过程是“别样”发展至今最大的难题。在万康找到服装设计专业的同学帮忙设计服装，又费尽心力地找到加工厂制作衣服后，如何突破0的销售额就成了“别样”发展的当务之急。

工作间

那时候有发不完的传单和贴不完的海报，也有团队成员七拼八凑来的微薄资金做活动赞助，这就是“别样”最初的发展方式。“别样”人逐个寝室地去推销衣服，不知挨了多少白眼，也还是没有做成一笔交易。就在所有人都沉浸在沮丧中的时候，一位在晚上接到次日面试通知的学姐需要正装，而刚好前两天万康的团队就去她的宿舍推销过。拎着各种尺码、各种式样的正装，万康冲进学姐的宿舍，也就卖出了“别样”的第一套正装。

一点点星火的燃起让“别样”从此燎原。同学之间的相互推荐就是一个信任传递的过程，“别样”以高性价比的优质正装打动了学姐，同时也打动了她同宿舍、同学院甚至同校的人。别样正装赢来了第一次销量的大幅上升，并逐步将销售试点扩大到济南 7 所高校。

对于这样几近爆炸式的销售量的增长，向京慧说：“这是付出了最大努力才成功的。”

“别样”的第二个巅峰时刻当属百校同盟会的举办。从 2016 年 7 月开始进行第一批校园落地团队的招募，顶峰时发展到 112 所高校，别样正装的销售额也突破新高。

但向京慧再次说：“这依然是付出了最大的努力才成功的。”

“比如说我们找湖南大学吧，我们并没有熟悉的人，就是硬着头皮去找，被拒绝最多的几天下来可能会有四五十次，但只要有一个人成功了，我们就都会很开心。我们一起分享经验和教训，分享辛苦和喜悦。这可能就是‘别样’人之间最珍贵的东西吧，我们迈出的任何一步都是困难的，但也都是勇敢的。”

## 2. 为什么叫“别样”？

因为不一样。

从一开始的“beyond”到如今的“别样”，这个音译的过程也是别样的自我超越。

别样前程

公司徽标(LOGO)

“我们和你一样希望自己不一样，我们希望自己的大学不一样，我们也希望所有的东西都不一样。所以我们勇敢地超越自我，所以我们是‘别样’人。”

“别样”独特的宣传点也是他们越走越好的一大原因。“别样”从不以个人为宣传点，他们坚持为所有大学生服务的理念，也将这种理念投注到每一件正装的设计生产中，宣传也以此为聚焦点。“别样”的正装最打动人的地方就是合身、舒服以及大学生可承受的价格。向京慧认为，让每一个大学生脸上洋溢着自信就是“别样”最不一样的地方。

向京慧用“因为懂得，所以专业”来形容“别样”的品牌心声。无论做出任何的决定，“别样”人都没有太大的后顾之忧，他们将最大的关注点投注在品牌文化的搭建上，从服装的设计生产、宣传销售，到后期的客户回访，“别样”始终专注于做好品牌。“我们不希望对品牌有任何不好的影响。”向京慧如是说。

### 3. 生来别样，无畏前程

但市场上是必然存在竞争的，对此，向京慧则表示，“别样”会以努力提升自我的方式来实现发展，但一定不会因对手而动摇初心。尽管这条创业之路充满艰辛，但向京慧仍然十分豁达乐观，她将工作中的劳累视为进步的基础。为了将“别样”打造为专业为大学生服务的校园正装品牌，用自己的影响力为大学生争取一个最高性价比的正装市场，向京慧勇敢而坚韧地走在“别样”的路上。

团队成员合影

“别样”最珍贵的精神信念就是“生来别样，无畏前程”。“别样”最可贵的地方，就是以一个和谐的创业团体的形式存在着——因同样的理想信念而加入“别样”，也因“别样”而拥有别样的大学生活，“别样”人手牵着手为自己最美好的年华书写奋斗篇章，彼此扶持着为“别样”的发展竭尽自己的一份力量。

“如果你开始做了，就一定要坚持初心。有些人之所以创业失败，可能就是因为没有做到坚持，不要因外在的诱惑或者困难而改变自己的初心，创业就是一定要坚持初衷。”

坚持一颗初心勇敢地走下去，无论前路多艰难，“别样”一定敢做敢担当。

# 张辉：非典型“学霸”的创业之路

张辉，山东大学控制科学与工程学院2010级本科生，西安交通大学2014级硕士，如今是北京阿丘科技有限公司的创始人。

张辉从小成绩优异，他在本科期间参与完成的项目无数，读研时曾赴清华大学交流学习。在学术上，张辉算得上是一个不折不扣的“学霸”。但这仅仅是我们所知的“冰山一角”，张辉如今的身份是独立的创业者，更是一个成功的创业者。

张　辉

张辉掌管的阿丘科技专注于机器人视觉研发，致力于将人工智能技术用于工业机器人及自动化，是一家具备一体式硬件研发能力的高科技公司。不仅如此，阿丘科技致力于成为将深度学习和三维视觉运用于工业自动化的先锋，竭力推进智能制造和产业智能化改造升级。公司成立2个月内，就获得了千万级天使轮投资，并成为港科大百万奖金国际创业大赛上获奖的最年轻创业团队。

公司徽标（LOGO）

善于学习是我们对张辉的第一印象。他在本科期间就意识到了理论和实践相结合才是掌握知识的最佳途径。这一时期，张辉接触更多的还是一些专业教育，电气专业课加上诸如高等数学之类的基础课让张辉思索了很多。“我学得不太好，比如学习控制理论学的时候，我其实并不知道所有的现象、结果究竟是什么原理。”本科相对浅尝辄止的学习让张辉意识到学以致用的重要性。他坚信，能够真正使用这些理论知识，对于一个人的动手能力的提高以及对理论的理解都会有很大帮助。正因为如此，张辉在本科期间就自告奋勇地参加了许多比赛，也参与了许多项目。

谈及自己当年做的项目，张辉感慨万千。那时国内有许多“玩家”在玩一种名叫多旋翼的装置，张辉最初打算研制固定翼，然而，或许是因为想做新的尝试，又或许只是因为灵光乍现，张辉和团队成员一拍脑瓜，就敲定了多旋翼的方案。顺理成章地，他们向学校申请了这一项目。在懵懂而无知的大二，张辉凭着一腔孤勇为自己的项目申请到了1万多元。“那时候还什么都不懂，也不会写项目申请书，全凭自己一点点探索。”项目第一期，张辉一行人拿到了3000元的经费。凭借这些钱和一腔理想与热血，他们开始研发这个多旋翼飞行器，从最简单的单片机开始学起，经过一步步的摸索，张辉团队才找到一条切实可行的道路。大家做出一版成品之后，向学校申请资金的道路也变得好走了，1万多元也轻松入账了。从2008年开始，直到2014年，这个项目终于到达了巅峰时刻。苦心人，天不负。一个小小的梦想火花经过汗水和信念的淬炼，最终也会燃起燎原之火。

求　学

当我们问张辉为何读研时，他的回答也令我们思索良久。其实本科毕业的他也能找到一份非常不错的工作，但是所申请项目的完成程度远远没有达到张辉预设的标准，而且在实践的过程中，张辉发现自己对很多理论知识并没有掌握得十分扎实。以人工智能机器人为例，机器人在很多细节上都要求实现自动化，而张辉切切实实地感受到了自己在自动化理论方面的欠缺，需要继续通过读书来加以补充。“所以希望自己在研究生阶段能好好补一下自动化方面的短板。”

谈及在清华大学交流的经历，张辉更是感慨万分。在顶尖学府的日子让他学到了很多受益终身的知识，也令他意识到了自己的不足。“最大的感受是城市的不同。在西安和山东，创业氛围并没有特别浓厚，身边的人也极少有此类想法。在清华这边，前后左右的人都多多少少有过创业的经历。”张辉笑道。创业需要创新的土壤，现如今我国大部分地区尚未孕育出足以感染他人的创新之土，这需要时间，更需要众人的身体力行。

竞赛占据了张辉大学的一大部分时间。为了完成比赛，张辉不得不放弃了一部分学习时间。尽管他的竞赛经历并不算完美，但他仍从中受益匪浅。有时,胜利不仅是努力的结果,其中还掺杂着运气的成分。张辉用“时运不济”形容参与竞赛的自己。有一次的竞赛题目是自行制作两个机器人,用来模拟游乐场中的一个场景,即“母亲”机器人带领“儿童”机器人玩跷跷板、梅花桩、爬楼梯甚至荡秋千,可以说难度系数非常大了。不仅如此,比赛还要求控制者不得在比赛中接触“儿童”机器人,能和机器人接触的只有一个遥控手柄,而控制者只能和“母亲”机器人接触,所以必须实现“儿童”机器人的全自动。

张辉一组当时的最快速度达到了53秒,仅位列两个学校之后。然而他们在小组赛分组的时候却刚好和优于自己的两个学校分到了一组;而另一组平均成绩仅为71秒,却因为身处另外一个赛区,竟一路闯到了决赛。赛制的问题让张辉痛失胜利的机会,而如今的他却显得十分淡定:“也挺好的,因为有时你失败了之后会回忆更多的细节,然后去思考这个过程中自己失败的原因。我们其实有赢的机会,但是并没有把握住,如何在最紧要的关头保持镇静,然后作出一个比较理想的决策,其实也是非常非常重要的。在一次次跌倒后重新爬起来,我们才有可能在最终时刻迎来胜利的曙光。”

对于张辉来说,不是为了创业而创业,相反,创业只是实现他心中理念的一种绝佳途径。早在研二的时候,张辉便意识到人工智能将会是未来的潮流。“刚开始的想法很简单,就是想要通过人工智能去改变一些东西;通过提供一个机器人平台,让大家的生活更便利,机器人能够普及到千家万户中去。”“公司的第一目标就是要把这些数据应用到生产线上,去替换一些重复性劳动。”针对目前工业机器人分拣领域的无序抓取难题和质检领域的复杂缺陷检测问题,阿丘科技推出了Smart Picker和AQ-Insight两款产品。Smart Picker是一款应用于工业流水线及物流领域的产品,包括自行研发的工业三维摄像头和算法软件。其依托三维视觉技术能够完成对任意摆放的同类工业物品的检测识别及姿态估计。配合运动规划等机器人技术,机械臂可以自主完成规划和抓取操作,并自动完成识别分拣等相关任务。加入深度学习技术后,Smart Picker甚至可以完成对任意摆放的异类工业物品的检测识别和姿态估计,并配合机械臂完成抓取规划和操作。基于以上特点,Smart Picker具有广泛的应用场景,譬如杂乱零件上下料、仓储物流分拣、工件智能装配等。

在创业相对艰难的时候，有许多力量支持着张辉的梦想。清华大学曾给予张辉等人莫大的帮助，一位资深的导师鼎力支持他们的项目，现如今也有十多年工作经验的人加入到张辉的团队中来，帮助他梳理公司内部的一些事情。

张辉团队

“竞争”在当代的创业者之间，尤其是科技领域，早已不是什么新鲜的字眼。张辉公司面临的竞争压力也是巨大的。不仅是国内公司，就连国际公司、上下游的相关企业，乃至做集成商出身的公司，都想要渗透进这一市场，在既定的蛋糕上分得一杯羹。竞争对手如此之多，张辉却没有乱了阵脚。谈及原因，不过是自己手握“核心竞争力”。“在我们公司，大家都是技术出身，在图像处理方面，多数人早已积累了丰富的经验，因此技术实力比较强大，自然也就不害怕被人抢占自己的‘地盘’了。”

张辉把公司形成的技术优势叫作“技术壁垒”。实际上，正是这种技术壁垒，奠定了阿丘科技成功的基础。现如今的很多项目，单靠纯粹的技术早已无济于事，更多的还是要与行业中的真实需求相结合，这样技术优势才能一步步显现出来。“你要让自己的某项技术能够做某件事情，然后要比别人做得快、做得好；让不懂的人也能够通过你这项技术来做这个东西，那么这就是专属于你的了，我觉得这就是我们应当具备的技术优势。”

对于大学生创业，张辉抱着一个相对辩证的态度。年轻时的折腾未尝不是一件好事，在没有压力下的打拼，也许热情和决心就是最鲜明而有效的。“四五十岁时候的创业其实非常靠谱，像我们现在的创业有时失败率会很高，所以在创业实践开始之前，要想清楚你手里的技术或者其他东西，而不能盲目地一意孤行。”张辉建议有创业想法的大学生应当收集各方面的建议，形成独立的思考与判断，千万不可抱着过度自信的想法井底观天，改变世界的念头在大多数情况下都是幼稚而可笑的。创业不是异想天开，更不是谋福利。“你只有给别人带来了价值，才有可能从他们那里拿到钱。”

在采访的尾声，张辉为我们提供了很多有关大学生创业方面的十分中肯的建议。首先，梳理清楚自己的发展规划，这并不是一蹴而就的，需要创业机构、导师的帮助，根据自己的特点加以调整，慢慢确定自己的最终方向。其次，最好有资金支持。单靠他人精神层面的鼓励、帮助是不够的，想法要想变为现实，物质力量是必需的。公司刚开始运营的时候，张辉拿到了创佳5万元的种子基金，这为后来的发展奠定了基础。

精于学问而不专于学问，长于创业而不囿于创业，张辉这位非典型的“学霸”为我们提供了成功的另一种范例。未来需要自己去把握，未来拥有无限可能的你，想好该怎样迎接前方的挑战了吗？

# 张鹏：做一个扎实的理想主义者

张鹏，山东大学软件学院软件工程专业2011级本科生，大三创立了叶子公司，主营互联网技术开发和产品运营；一年后，项目失败，转做技术服务。2016年尝试推出“校内头条”APP(手机应用程序)，目前正在升级推广。

张　鹏

没有在大公司实习的经历，没有人脉，没有资源，没有经验，甚至没有参与过产品开发的经历。在这种条件下，直接创业的死亡率可想而知。

张鹏并没有创造奇迹。

第一次创业，张鹏看中了移动支付的市场，结果赔了60多万，随即而来的是扫码支付、支付宝“随机立减”的兴起。这时，摆在张鹏面前的却是公司的生存问题。

“年轻人创业最大的好处就是没有负担。”回想起第一次创业，张鹏坦言，当时没有那么多条条框框去约束自己的思维，稀里糊涂地就去做了，有点理想化，但他也做好了心理准备，“能赚钱是幸运，不赚也挺正常”。

叶子公司业务

“在风口上，猪都能飞。”事实证明，移动互联的飓风能席卷各个行业的人，但能飞多久，靠的不仅是个人的本事，还有资源、资金和经验的积累。成功学常宣扬倾家荡产、放手一搏的创业理念，少数人走上“金字塔”顶端成为孤胆英雄，但更多没被写进成功学书中的普通人最后往往落得人财两空的下场。在张鹏看来，创业没有必要一条筋，也没必要破釜沉舟，不要给自己太大的压力。“创业一定要舒适，如果感觉到拧巴，那一定是这个创业者的‘打开方式’不对。”

创业对张鹏而言更像一个自然而然、往前推动的过程。从高中有创业的想法，到大三付诸实践，张鹏始终觉得创业是一种乐趣，“是在做自己喜欢、能够安排的事”。除了成就感，他更享受在创业过程中自我的实现和自主地安排时间；做个朝九晚五的上班族，盯着电脑完成老板安排的任务，这是他无法接受的生活。他甚至在大三就迫不及待地成立了自己的公司，此时，身边大多数同学则选择进入公司实习。张鹏坦言，即使没有创办大企业，他也会选择开家小店。“我没有非常大的野心，我比较喜欢平凡的东西。”相比于赚钱，张鹏更看重的是自由和幸福。“我觉得年轻人应该让自己有时间自由和财务自由。”

张鹏对幸福的定义很简单——做自己喜欢的事。“如果单纯为了生存而找工作，时间长了，我会自我怀疑。”

公司徽标(LOGO)

这种鼓励个性发展的理念被张鹏带进了叶子公司。他坦言，自己不太喜欢公司用使命或者愿景来鼓舞员工。作为一个创业公司，只有把人的发展放在第一位，才能招揽更多人才；而个人的发展，主要的表现是财务自由和社会地位的提高。只有把实现员工个人的利益作为前提才能聚拢人心。目前，叶子公司的员工大部分是从社会招聘的技术开发人员，这群人属于“高薪弱势群体”，加班、熬夜是常事，吃的是“青春饭”，35岁以后就很难再熬夜写代码，业内人常自嘲“程序猿，赚得多，死得早”。软件工程专业出身的张鹏很理解技术人员的想法。“每个人都想获得更多自由，许多技术人员都想做管理人员或者不再付出那么艰辛的劳动。”

作为公司的核心，张鹏也逐渐认识到想要追求看似平凡的东西，需要付出比别人更多的努力，承受更大的压力，他慢慢地感觉到孤独，“创业公司，‘掌门人’倒了，这个公司就死了”。创业初期，他要时时考虑团队人员的日常开支以及项目的投入，常常陷入对公司生存问题的思考。对张鹏而言，创业的艰难更多的是一种抽象的痛苦，像一叶扁舟漂泊在海面上，找不到方向。互联网产品更新速度快，有时一个判断失误就会断送整个公司的未来，张鹏的心里始终压着一座山。“但我很少和家人聊起公司的事，创业者的孤独也在于此，别人很难设身处地去理解、去思考，只能靠自己慢慢消化，甚至去享受孤独。孤独是很正常的。”

谈起如何缓解压力，张鹏像个大男孩，有点羞涩地笑道：“我去年的时候还喜欢运动，今年胖了不少，因为懒，压力大的时候喜欢吃东西，看电影。”

张鹏有时会听到老一辈白手起家的创业者们感叹：“你们现在创业多好啊，有国家的大力支持。”张鹏却认为，环境的好与坏是相对而言的。以前创业不热的时候，创业的人少，创业的资本也少；现在创业成为热门话题后，资本多了，但相对来说，竞争者也多了，所以没有“哪个时代比哪个时代好”的说法。

即使在好时代，也要认清方向，把握时机。然而，在国家和高校实行各种激励政策大力提倡创业的情况下，有许多大学生却把创业作为获得利益的手段，把参加创新创业大赛当作保研和获得发展分的途径。“我觉得这是目前很悲哀的地方。”对个体而言，如果被舆论裹挟或是被励志故事打动而随便开始创业，是一件危险的事，更不用说为了某些不正当的理由而盲目创业。“年轻人的青春是非常值钱的，不应该浪费。”不是真心想创业的人，与其为了荣誉而投身创业大潮，不如利用这些时间做自己喜欢的事。

即使对于那些真正的创业者，张鹏也建议，要理性看待创业比赛的作用。创业这条路很长，路边可能有美丽的风景，但创业者不应该过多关注这些风景，目标应该是这条路的尽头。

高校作为一个国家思想的“重镇”，它向社会输出的不止是人才，而且还有思想，在创业方面，亦如是。张鹏认为，高校不应该过于鼓励创业成果，而要把它作为一种培养学生的手段，比如培养学生的创业意识和创业思维。但正如狄更斯所言：“这是一个最好的时代，也是一个最坏的时代。”现在很多人没有看清创业的本质，刻意地制造一些成果，反而本末倒置。

张鹏对于老一辈创业者的推崇溢于言表。他讲了一个小故事：有一次，我带我的投资人去看公司场地，公司写字楼里有一句话“没有不对的顾客，只有不对的服务”。我们可能会理所当然地把这句话当作口号、“鸡汤”，但那个投资人琢磨了很久后说：“写得真好啊。”我当时惊讶于他的“沉思良久”，后来我想明白了，他们的这种体会来源于自身多年的经历。

现在，张鹏的心态和刚创业时有了很大的不同，对金钱的认识也有所改变。刚创业时，张鹏对金钱的管理不够上心和严谨，但是成功之后，张鹏意识到把钱用在刀刃上的重要性。这种改变也体现在待人接物上，起初张鹏觉得，只要把产品做好，自然会有人用；但他慢慢地认识到，创业考验的是一个人的综合素质，跟客户谈话，处理事情，甚至逢年过节有没有为客户送点小礼物，这些细节性的东西同样很重要。相比较来说，公司的产品反而不是决定性的。在家庭问题上，张鹏也有了一个很大的转变。刚开始他觉得自己就是一个小孩，没有付出与回报的意识。当赚到第一桶金的时候，他却想到给爸爸、妈妈买礼物，“这种感觉是很美好的，很有成就感”，“很多事情最后都会回归到简单的道理上去，我觉得这是一个方向”。

叶子团队成员

现在很多年轻人会在还没迈出脚步之前先给自己设一个框："这个东西怎么会是我的呢？"张鹏却认为："大家都是一样的，人家可以到达这个地方，我们也是可以的。"他把这种心态定义为理想主义：相信一些美好的事情会发生；而这些事情发生的开端无非就是成立一家很好的公司，同时努力充电，让自己变得更有才华。

张鹏鼓励年轻人要对未来抱有美好的期望，千万不要在最美的年华里轻易"认命"。年轻人应该更大胆地去想、去做，如果连想都不敢想，又怎么去做呢？只有去想了，为了这个目标去努力了，才有机会收获这些东西。

# 赵春雨:不断突破自我的创业竞技者

“弄潮儿向潮头立,手把红旗旗不湿。”

赵春雨可以说是创业中一个有勇气的“弄潮儿”了。创业对于他而言绝对不只是赚钱那么简单,他更像是将创业当作竞技场,不断“打怪升级”,积累经验,自我进化,逐步突破自我,让自己逐渐升级为立马扬刀的高级竞技者。

赵春雨

赵春雨，济南荧火生物科技公司创始人，山东智谷投资管理有限公司创始人，山东大学创业训练营创始人，曾获 2014 年“创青春”全国创业大赛金奖，在美国硅谷，以色列，中国香港、澳门地区等多地进行过创业项目路演，获得过百万级天使投资，并在多项创业大赛中拔得头筹。数项荣誉在身，又身为山东大学 30 岁以下年轻一代创业者，赵春雨早已练就一身乘风破浪的“功夫”。涉猎过多个领域的他在同龄人中尤为老练成熟，他的创业故事同样精彩。

不说其他，在青年创新创业这一领域，赵春雨可谓是专家中的专家了。从大二开始，他便接触了校学生会的创业工作，后担任了学生会分管创业的副主席，并成立了山东大学科普协会。他参与的“智慧校园”项目成功入围了 2013 年美国的英特尔全球商业挑战赛，后来拿到了 2014 年“挑战杯”全国创业实践赛的银奖。山东大学中心校区的创客一条街，从早期的建设到现在的发展也有赵春雨的一份力量。大学生的创业教育，在他看来也绝非教导学生们怎样去创业那么简单。“毕竟能创业的人是少数，创业成功的人更是少数。”比起一些华而不实、好高骛远的创业口号，他认为创业教育更多的是去教育同学们拥有一种创业的思维。不是所有人都适合创业这条漫长的道路，但给大学生们安排创业创新教育，也并非盲目之举。正所谓“大众创业，万众创新”，心中埋下创新和尝试的种子，收获的绝不仅仅是死板的企业宣传、公司经营的相关知识，更是一颗勇于突破常规的、年轻的心。

然而，赵春雨在看到了大学生创业这个池子的底之后，也看到了阻碍泉水涌向这一方潭水的固有弊病。他本人在获得诸项创业大赛奖项后，并没有将精力放在校园之中，而是逐步走出校园实现自己的创业理想，也是个人深思熟虑的结果。用他的话来说，尽管大学内的创业具有低租金、轻资产、人力资源丰富的优势，然而这也可能成为阻碍企业发展的绊脚石。经验少，社会阅历少，社会资源少，人脉少，大学生创业的弊病令人“触目惊心”。但凡事不能绝对化，赵春雨话锋一转：“如果能解决这些问题，我觉得大学生创业也有很多优势，比如有拼劲，有学习能力，成本低。如果能扬长避短，那么这些青春力量毫无疑问是不可低估的。”真正从大学生中走出来的企业，赵春雨最看好的是技术型创业。他坦言，“ofo”小黄车，“饿了么”等创业的成功案例，都是非常值得学习的。“但是我们需要认识到，实际上企业发展到某一个阶段，就成了另外一种玩法了，即已经脱离先前稚嫩的圈子，从产品上升到资本运营，背后有着各路投资机构和‘看不见的手’在推动公司发展。不断融资、并购，慢慢发展上市，我觉得这样创业发展的企业是比较高级的。”

真正的企业运营，远比乌托邦式的大学生创业复杂得多，也艰难得多：员工的工资和“五险一金”必须一应俱全；社会上的众多竞争对手也应该考虑在内……相比校园里的简单，社会上的创业更像是一个斗兽场，需要自己披荆斩棘，独自探索。在了解了现实与理想的差距之后，赵春雨便逐渐“走出去”，开始学习实打实的企业运营法则。他经手过受风控影响的互联网金融项目，也参与了山大校友发起的百花智谷创客空间。一年多时间的历练，让赵春雨学会了很多，收获了很多，成长了很多。

之所以称赵春雨为创业场上的“高级竞技者”，归根结底，在于他对创业有着不同于他人的独到认识：“我觉得创业是一个很好的学习过程，并不在于赚钱，实现价值是最重要的。”创业是一个认知自我、修正自我的绝佳机会。在创业中如果遇到什么问题难以解决，“最该反思的，不是项目，而是环境或人本身”。2017 年，赵春雨与校友成立的山东智谷投资管理有限公司，其功能便是帮助中小微企业获得融资、上市。在解决企业遇到的实际问题的过程中，赵春雨了解到不同企业的财务状况，包括每一笔资金往来以及它们的模式和规划，“你会清楚地看到每一家企业发展的过程，同时对自己来说也是一种学习的过程，了解的过程”。“以人为镜，可以明得失。”正是通过不断地切磋琢磨，让思考永远伴随在实践的前后，赵春雨对未来的规划也逐渐清晰。

2016 年，赵春雨报名参加了北京大学创业训练营，历经一年的创业课程学习，他深深体会到北创营在双创教育方面的先进、专业。结合自己多年创业的经历，他决定，在山东大学成立山大创业营，为山东大学以及其他创业者们提供实实在在的服务。2017 年 10 月 14 日，山东大学创业训练营正式启动，山东大学的创业教育“三个平台、五个体系”中的创业训练体系环节得以完善。经过一个多月的招生，山东大学创业训练营吸引了 300 余位创业者报名，报名者既包括在校大学生，又包括发展比较成熟的新三板创新层的企业。如何开展好山东大学创业训练营，对赵春雨来说又是一个新的起点与挑战。

山东大学创业训练营开营仪式

创业者最大的共性就是不满足于波澜不惊的现状。在赵春雨这里，创业和他个人是相互成就、相互突破的。“我通过创业不断地去了解反思，分析自己的核心竞争力是什么，优势是什么，进而拓宽自己的认知视野。”当见到了更厉害的人、领略到了更加高级的“玩法”时，“就会清醒地认识到自己当初创业时存在的差距和瓶颈”。在封闭的圈子里寻求一份安逸，也许舒适，但会永远止步不前。“对待未来和新事物的态度，决定了我们未来能走多远。”

采访过程中，我们发现他的办公室藏书之多，只能用汗牛充栋来形容了。赵春雨表示，这些书都是他平日购得的，创业、历史类图书居多。问起为什么读书，他说：“随着视野的拓展，你会发现自己对世界的了解、对社会发展的了解，还远远不够。但我们可以通过去读历史以及专业方面的书籍，去不断地反思、提升自己。我比较喜欢阅读王阳明心学方面的书籍，曾国藩、胡雪岩、张居正等历史人物的故事也非常值得学习，而现代的一些金融帝国的创建历程也非常值得思考。”平台更高，眼界更高；自己所接触的圈子也更加开阔。从小学到初中、高中，再到大学，以及后来去美国、以色列、欧洲、日韩等地创业游学，赵春雨真真切切地感受到了自己一步一步的成长，“我觉得每一步都是往更高、更广的世界走去”。

对自己严格要求，是我们对赵春雨最深的印象。在日常生活中，最大化地提高效率早已成了他的习惯。“我认为真正的礼貌是对别人的尊重，对别人时间的尊重。”因此，赵春雨始终坚持尽量不浪费时间的原则。就像他说的那样，减少无用的沟通成本，永远是做事情准确高效的法则。这世界上只有三种人：创造变化的人，拥抱变化的人，忍受变化的人。成为哪种人，取决于我们的选择。选择做井底之蛙还是跳出井外看一看世界，看的更是志气和修行。

能力越大，责任越大，创业是蜕变自我，创业也是成就他人、奉献社会。济南荧火生物科技公司是赵春雨第一家参与筹建的企业。目前公司经营的主要产品是一种名为生物探针的高科技产品，它由山东大学国家级重点实验室教授潜心钻研而成。赵春雨告诉我们，目前国内的生物探针市场被国外的高科技公司完全垄断。荧火生物科技虽然早已在细胞染色等方面超越国外产品，“但难的是让市场认可。品牌效应很重要，面临国外大山一样的市场垄断压力，小人物一下子起不来。除非愿意担着风险培育市场，养市场”。产品生产出来了，需要找销路。没有推广途径，赵春雨和同事就亲自带着产品到北京、上海做推广，他们尝试着免费赠送产品，给科研机构和大学实验室使用。经过不懈的尝试和坚持，荧火团队成功获得 2014“创青春”全国大学生创业大赛金奖，这让饱受挫折的他们看到了希望。赵春雨也代表公司参加了山东电视台的投资节目，并获得了几家投资方的赞许。在生命科学高速发展的今天，对荧光探针的需求也在日益增长，荧光探针产品作为分子生物学和生物化学实验中的一种工具性标记分子，在生物实验中起到关键性作用。荧火公司希望在不久的将来，凭借核心技术成为中国生物探针行业的领航者。

荧火团队成员

提及对自己员工的要求，赵春雨用“负责”二字简明地概括。“这两个字意味着很多。”负责任是做好一件事情的基础，更是赢得信任的根本。每个人有不同的特点，身处不同的环境，别人的评价会有所不同，然而最重要的，是“你让他人觉得你是有价值的”，最重要的还是不忘初心。实现价值这件事说起来容易，做起来却困难非常。赵春雨在这里引用了俞敏洪的一句话：“读万卷书，行万里路，高人指路，阅人无数。”2016 年 8 月，赵春雨去了一趟以色列，回来之后的这一年，是赵春雨思维、思考方式综合提升的一年。他说：“自己看到了更高级的玩法。”

转变可以是顿悟，更多的还是由量变积累起来的质变。赵春雨向我们推荐了一部英国纪录片，叫作《人生七年》。它讲述的是从 1964 年开始记录的 14 个来自英国不同阶层的 7 岁孩子的成长经历，他们有的来自孤儿院，有的来自上层社会。此后每隔 7 年，导演都会重新采访当年的这些孩子，倾听他们的梦想，与他们畅谈生活，这个采访一直持续到 2013 年，当时他们都 56 岁了。“很有启发和教育意义，你会发现大部分的阶层是不变的，只有一个例外，农民的孩子通过读书上学当了大学教授，慢慢改变了自身。”赵春雨对电影有种特殊的热爱。他说，通过电影两个小时的时间，就可反映出一个人的一生，一些发人深省的哲理蕴含其中，等待我们去总结、反思，然后得出结论。这样不断地通过各种渠道学习、积累，最终收获的，便是人生境界的提升。同时，赵春雨还热衷于跑马拉松，2017 年他完成了人生中首个“半马”和“全马”。他认为，创业和人生都是一场马拉松，成功的道路并不像想象得那么拥挤，因为绝大部分人跑不到一半就主动退下来了。到后来，剩下的少数人不是嫌竞争对手太多，而是发愁怎样找一个同伴陪自己一同跑下去。能够坚持自我，坚定目标，并且持续为之奋斗的人，往往是能够跑得很远、更可能有所建树的人。

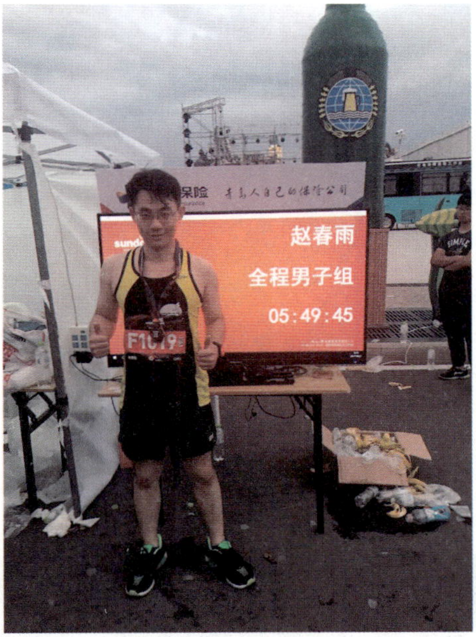

马拉松长跑

这个技巧娴熟的高级竞技者明显不满足于现状，也许正是不断追寻的渴望，促成了赵春雨一次次的过关斩将、渐入佳境。在学习和创业的路上，他也建议要保持学习能力，以开放的心态迎接新生事物；要对未来有所把握，就要多看书，保持获取知识的能力、了解新鲜事物的能力以及自我反思的能力。相信竞技场上的他，会乘着创新的风，在自己热爱的道路上越跑越远。

# 刘培超：越疆必载质，历国将扶危

简单的黑色T恤、牛仔裤、运动鞋，身材匀称，说话节奏快，音量偏低，这就是刘培超给我们的第一印象。初见刘培超时，他刚出差回来，甚至等不及洗一把脸，就放下行李接受我们的采访。文质彬彬，阳光而内敛，没有侵略性，是一个看不出野心的人。

他就是山东大学机械工程学院2011级研究生，现任深圳市越疆科技有限公司“掌门人”，Dobot机械臂创始人。

刘培超

“你们去采访刘培超了吗？他是真正的创业。”

“应该去采访刘总，他算是山大深圳校友中创业比较成功的。”

“刘培超的越疆如今在机械臂教育领域名头很响。”

“培超之前还被李克强总理接见了，在深圳校友圈里很出名。”

在深圳采访之旅中，几乎每一个创业者都会向我们提起这两个词：刘培超，越疆。无论是实业领域的老牌创业者，还是互联网新兴行业的创业新人，说起刘培超和他的越疆，口中都不乏溢美之词。

## 1. 在山大的那几年

在还没创业甚至到创业初期时，很多人找到刘培超，跟他讲：“培超，我给你几百万，你去帮我搞个智能手环。”

那时智能硬件大热，大量资本涌向智能硬件，每个市场参与者都想分一杯羹。“坦白说，经常受到这种诱惑，不是没有动摇过。”但创业的“DNA”一直潜伏于刘培超体内，比起他人的“赞助”，刘培超更愿意自己闯荡江湖。

高中起，刘培超就一直想创业，熬到大学，他终于摸到“江湖”的门了。大一刚开学，还没放下行李，刘培超就在看到中国移动的招募宣传后，决定在校园推广中国移动校园卡；大二时，更是拿下中国移动山东大学的校园代理——仅仅一周推广时间，就让他过上了自给自足的大学生活，并且给了他“说走就走”的“第一桶金”。

尽管大学尝到了打工的甜头，刘培超却感觉“不能老搞移动卡这么 Low（低端）的事情”，很快，他摸索到了另一条路——山东省创新挑战赛，这是他踏上科技创新之路的第一步。他自己组建团队，申请项目，发明了“贻贝去壳机”，这为他赢得山东省创新挑战赛的特等奖的荣誉以及由此而来的保研资格。

刘培超磨刀霍霍地在这条路上进行了更多尝试：大二就手握山大保研资格，大三从容地修了工商管理双学位，参加了各类创业“挑战杯”、商业计划竞赛，其中在“平安励志”全球赛中，一路披荆斩棘到了全国十二强。

这一次赛事让刘培超开始领略资本的力量。他发现创业原来不需要自己有钱,好的项目是可以通过融资启动,这颠覆了他以前关于创业必须自己有钱的认知。

研究生阶段,刘培超开始关注资本,跟政府合作项目,接触跨界合作。除此之外,他还一直关注科技行业和智能硬件的创新。

刘培超的导师是新加坡国立大学神经实验室主任,其研究的项目是通过脑电波检测,可以预知人体未来5～10分钟是否会犯困。“很利于驾驶,我就想把这样的项目落地到国内,当时跟政府谈,结果没有做起来,所以还是有遗憾的。”研究生阶段的跨界合作,成为刘培超日后机械臂研究的积累沉淀。在Dobot 2.0中,刘培超最终把当时的脑电波技术应用到机械臂控制上。

为了更好地在技术上有所积累,刘培超还在中科院打磨了将近一年的时间,更加深入了解了技术的脉络。这些都为越疆的成立埋下了技术的种子,亦在基因上决定了越疆不惧任何的技术困难。

### 2. 创业的第一步,是被世界抛弃

2014年毕业后,刘培超先后在苏州、深圳工作,几乎天天泡在实验室。他发现,中国的工业机械手企业大都只是做集成,根本掌握不到核心技术,他想要颠覆这个行业。

“我们是5人团队,有人负责软件部分,有人负责硬件部分,还有人负责工业设计,我们都是‘90后’。”2014年夏天,刘培超和他的5人团队成立了深圳越疆科技公司,开始研发价格低廉、操作精准的机械手臂。“当时非常有激情,很艰辛,经常忙到次日凌晨2点,但也很有成就感。”

2015年5月,刘培超专职研发机械臂。“本想着两个月就能搞定,但遇到了很多难题,尤其是控制系统,基本都被国外垄断,只能全靠自己研发,一遍遍地调试。”

DOBOT

越疆徽标(LOGO)

Dobot 1.0 采用的是开源的运动控制板，但由于运动控制板的运算能力受限，在运算过程中，复变的函数会丢失信号，导致精度难以保证，机械臂运动轨迹会出错。他们当时拜访了很多教授专家，还有一些国外的技术团队，大家都说“事情就这样，解决不了”，这让刘培超很痛苦。

“最难过的时候，晚上一直加班到两三点，开车到住的地方，坐在车里不想下车，会想很多问题，感觉整个世界都抛弃了自己。那种无力感吞噬着自己，眼泪哗哗地往下掉。”

当时 Dobot 已经进行了 5 个月，投入了很多精力、金钱，运动控制板的技术难关又无法攻克。进退两难之际，刘培超和他的团队选择再咬一咬牙，再想一想。最后用了最原始的方法解决了问题——直接把数据运算出来，直接调用，省去了函数这一步。

研发用了整整一年的时间，刘培超说，研发中遇到资金困难的时候全是团队自己垫钱。2015 年春节是最艰难的时候，刘培超没有回家过年，“我们过年时去了 KTV，买了点啤酒和汉堡套餐，就这么过的年”。最终，Dobot 机械臂 1.0 版本研发成功，实现初步生产。

与诸多创业项目一样，由于缺乏推广渠道，缺少资金支持，Dobot 面临着无法实现商业转化的尴尬局面。2015 年 9 月，为筹集 3.6 万美元资金，经过向美国朋友取经，刘培超将 Dobot 挂到著名众筹网站 Kickstarter 上。

出乎意料的是，Dobot 受到了大量的关注，在短短 4 小时里筹资超过 5 万美元，50 天众筹近 62 万美元，是刘培超原本目标 3.6 万美元的 17.2 倍。此番众筹的好成绩引起轰动，国外很多知名企业家都在谈论这款四轴高精度的产品。

刘培超趁热打铁，在国外社交平台上用炫酷的视频进行宣传造势。经过前期的市场开发，Dobot 受到越来越多的认可。在半年多的时间里，售价 3750 元人民币的 Dobot 卖出 1600 套，销售总额达到 600 万元。那时，越疆科技仅成立一年，就已基本实现收支平衡。

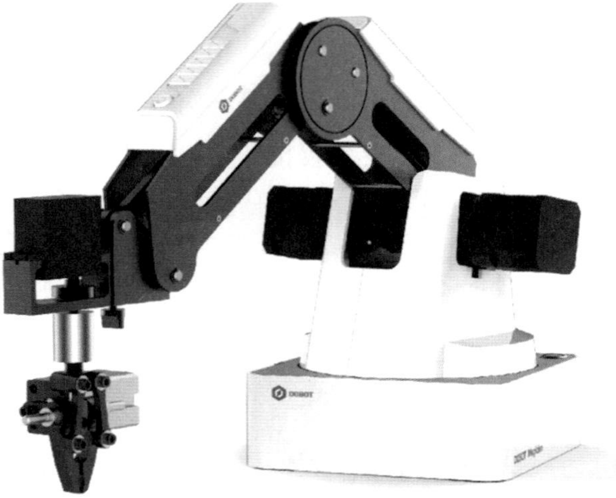

Dobot

### 3. 念念不忘，必有回响

2015 年是刘培超的创业元年，也是他的幸运年。

“蛮幸运的，我们正好赶上中国经济发展非常好的时代，赶上一个创业的好时候。”在 2014 年 9 月召开的夏季达沃斯论坛开幕式上，李克强总理提出了“双创”的概念。“这个概念的提出使得中国整个创业环境、资本市场空前热情，之前没有那么多的投资，也没有那么好的环境。”

创新型机械臂、大学生创业团队，这些标签让刘培超和他的团队备受创客圈关注。加之 Dobot 在美国的火爆，更是在国内引起了不小的反响。“大家觉得，能够把国内技术含量高的创新型产品推广到全球，是一件不错的事。”

第一届“双创周”，刘培超作为创客代表，前往北京展示公司产品，并脱颖而出，受到李克强总理的接见。“第一次见总理，觉得很兴奋，更重要的是，跟总理交流了很多，总理给了我们很多鼓励，包括给团队和产品点赞。”刘培超坦言，回来后，整个团队受到了很大的鼓舞。

在一年半的时间里，越疆科技发展迅速。从产品迭代到市场推广，发展势头十分猛烈，Dobot 机械臂更是达到平均每 5 个月一迭代的速度。让刘培超没想到的是，他和总理的缘分远不止如此。

在“山东大学双创成果展”上，Dobot 挥舞着机械臂用毛笔写下一副“大众创业，万众创新”的对联。在展位前，李克强总理拿起 3D 打印机器认真观察，并询问“这台机器能干什么?”刘培超介绍：“一个家庭、一个学校只要买一台机器，通过切换末端，就可以实现激光雕刻、3D 打印、编程学习、工业流水线的搭建等多种功能。”

李克强称赞机器功能非常全，并鼓励他们继续努力。此外，刘培超还向总理汇报了越疆最新的发展情况。当他介绍现场展出的各项产品已经推出了第四代时，总理回应：“一年半之前还是五个刚毕业的小伙子拿着第一代产品，现在已经有四代产品了。”

“时隔一年半，没想到总理还记得我。”刘培超心情久久不能平静。对他而言，一年半前更多的是开心和激动，而这次更多的是带着一种责任感去见总理。

“越疆科技”这个名字，来自于陆龟蒙的一句古诗：“越疆必载质，历国将扶危。”“越疆就是跨越边界，我们希望我们的产品和技术能够跨越边界，走到全球任何一个角落，任何一个地方。”与总理的两次见面，让原本潜伏在刘培超心中的家国情怀再次膨胀。

### 4. “一个亿的小目标”

总理的鼓励与期待，让刘培超不敢懈怠。他心里明白，机械臂是高精度仪器，细致到用多少牛顿的力拧螺丝都会影响机械臂正常的运作，这些问题极度考验创业公司的产品研发能力。对一个初创公司而言，任何一个不完美的产品出厂，都可能成为致命的打击。为了保证每一个机械臂都是完美无缺的，越疆要求对所有的配件进行检查——合格才能入库，入库后才能进入生产线。

越疆还有一个秘密武器——一条属于自己的组装生产线，由投资人提供场地和工人，越疆提供技术、管理。刘培超说，尽管这样会增加成本，但是质量是有保证的。这样不仅会提高管控的透明度，而且还能随时检查生产的质量，也可对工人进行一系列的培训等。

除了对产品质量进行严格控制外，刘培超还很注重用户的真实反馈。在越疆的人员架构里，除了占60%的研发人员之外，还设置了技术总监、产品经理、市场人员、项目经理等与产品研发、营销密切相关的职位，刘培超就是越疆最大的产品经理。

越疆团队成员

刘培超手机里安装了很多社交软件，包括脸书（Facebook）、微信等，目的就是为了及时和世界各地的Dobot用户交流，及时了解用户需求。

他在这方面吃过亏。在Dobot 1.0时，刘培超费了很多心思开发了一个语音控制功能，觉得很炫酷、很拉风。结果用户根本就不买单，下载量非常低，不足1%。

自此，刘培超将50%的精力投入到市场调研中，注重用户社群的搭建。在每一个社区里都安排至少一名工程师及时了解用户需求和反馈意见。他自己也会加入每一个用户群，看用户的反馈意见。除此以外，还有很多用户问卷双管齐下。

Dobot 2.0 的“手持示教”功能，灵感就来自于 Dobot 的一个小女孩用户。她希望能像教小朋友一样教机械臂操作，用专业术语讲就是“手持示教”功能。

刘培超觉得这个小女孩的话一语点到用户痛点——人们希望更简单、更直接的操作。他当即组织了 8 人工程师团队开发机械臂的学习功能，花费了将近 3 个月的时间，终于研发成功。

如今，越疆的团队已由当初 5 个人的小分队扩展至 100 多人的队伍；多款主力产品研发成功并实现量产；Dobot 机械臂已经远销包括德国、日本在内的 100 多个国家和地区。

## 5. 都在谈风口，更要知道为什么刮风

小米“掌门人”雷军曾说，创业，就是要找到风口，赶到风口上，猪也会飞。一时间，“风口论”成为热门话题，无论行业领军人物，还是街头百姓，都津津乐道。

“这是一个创业最好的时代，但同时也是一个创业过热的时代。”面对人人都在等待、追逐的风口，刘培超在“2016 中国创客大会暨第三届中国创客大赛”上，发表了自己的看法。

他认为，现实中，风口要具备很多条件，比如技术达到一定水平。“其实 2010 年的时候我就想过直播这件事情，但是当时的手机功能不具备这个条件。”找到风口后一定要看清上游的趋势以及下游的产业链和用户支持，包括国家的政策支持和开放条件，“当这些都具备了才能成为一个风口”。

从创业者的角度来说，刘培超认为，要关注风口，因为它聚集了很多资金、人才。但风口不是突然冒出来的，它是一个领域经过多年的沉淀才产生了一个爆发点。这个点同时也是竞争最激烈的。“不一定非往风口上冲，你可以选择在风口的供应链上做一个很好的突破。表面上你可能失去了这个风口，但事实并不是这样。”

“比如前一段时间，深圳无人机的创业非常火，有几个小伙伴就去做了

另外一件事情——无人机上面的语音台，最后他们是盈利的。”所以，抓住一个“点”之后还是要看产品属性，如果没有完全打通这个“点”，建议还是根据公司的属性去发展。

关于这点，马化腾也有同样的看法。“这么多人都看到风口，全部往那挤，还在排队。我们往那挤，我不是想在风口上起飞，而是给这个风口搭一个梯子，或者卖降落伞，防大家上去下不来。”

作为过来人，刘培超并不是特别鼓励大学生创业。他的周围不乏为了创业而不顾一切的人，但盲目跟风的结果可能是荒废了时间也耽误了找工作。“虽然大家看到我们一毕业就创业了，但我为此准备了多年。”从大一的小试牛刀，到大四兼职做一家咨询管理公司的销售总监，再到研一运作科研项目，水到渠成，这才有了越疆科技的诞生。

刘培超认为，创业确实很锻炼人，但是如果暂时没有很好的想法，也没有很好的机会，那不妨先去大公司锻炼一段时间，有了一定的工作经验之后再来考虑创业；最好是已经有了成熟的思路或者产品之后再去创业。比如：在课题上取得突破，而恰好这个课题可以很好地转化为商业价值，或者找到了一个市场的刚需点。如果是为了注册公司，拿到融资，获得荣誉而去盲目创业，则没有必要。

创业需要付出的时间和心血比想象中还要大。大学生创业面临的问题是，你的家人是否理解，男/女朋友是否支持，你的团队成员是否有共同的价值观，你是否准备好为创业付出时间成本……“如果这些东西全部具备，那我就支持他们去创业。”

刘培超是个马拉松达人，大四就开始跑马拉松。围着操场跑，一圈400米，跑108圈，一共43.2公里。他形容创业就像跑马拉松一样，前10公里比较轻松，20公里时有点累，25公里时有点痛苦，33公里时非常累，到那个时候身体就会出现问题，脚疼，脱水，非常艰难。

“很多人都是在这个阶段放弃，因为这个时候一点体力都没有了。其实到最后就是要靠信念跑下来。”

## 6. 登山者的成功道

在深圳校友们的眼中，刘培超是创业成功的标杆。可刘培超却不这么认为："成功是一个特别广泛的概念，我觉得，现在我跟成功还沾不上边。"

每个人对于成功的定义都不同，有些人觉得，拥有安稳平凡的生活，温馨的家庭，固定的工作，就是成功；有些人觉得，财务自由就是成功。"如果这样定义成功，很多人觉得我现在就已经成功了。但我认为，我才刚刚开始。"

刘培超坦言，即使越疆做到 100 亿元、1000 亿元，在他心里，也不算成功。在他眼中，成功是一个综合性的东西，它包含了家庭、工作、生活各个方面。"其实很难做到完美。"

刘培超认为自己是在给大家搭建一个更大的平台，这个平台能够使很多人获得成功，而他们对成功的定义又是不同的，有人在这里赚到钱，有人在这里获得成长，有人在这里实现价值。"我的成功是看到他们在这个平台上得到自己想要的东西，实现自己想实现的梦想，等到那个时候才是真正的成功，所以说现在才刚刚起步。"

这份"野心"让刘培超时刻提着一颗心，时刻都不敢放松自己。"创业企业发展很快，每天都会遇到困难，每个阶段、每一天都有要解决的问题。这些问题很多时候是致命性的，所以总有一种危机感。"

如今刘培超的心态已经不像大一创业时那般轻松。"年轻的时候可能机会更多，那时候你感觉自己一无所有，即使创业失败，也可以从头再来。"可是当得到更多的时候，恐惧感也随之递增，而当了解这一路走来的艰辛后，一旦失败，想要再站起来二次创业时，心理压力和所需的勇气会更大。"所以我每天都有这种危机意识，如果企业哪个方面经营不好，真的失败了，要从头再来的话，该怎么做才对？"

有危机意识，勤于思考，刘培超认为，这会更利于企业的发展。"你会想失败的原因，是产品规划错了，人才缺失，还是资金链断掉？"有危机意识，才能有意识地规避风险。

对刘培超来说，解决问题的过程，其实就是一个心智成熟的过程。慢慢地，很多困难能够提前预知，心态就会更加平和，解决问题时会考虑得更全面。“以前可能就是单向的，现在会综合很多因素去平衡，有重点地解决一些问题。”回顾创业历程，刘培超觉得自己的变化都在细微之中，在激情和热情中增加了一点沉稳的味道，成熟了很多。

刘培超住的地方离公司很近，只需10分钟的步行时间，每天“两点一线”。他工作时间接近18个小时。在这样高强度的工作压力下，他也经常想念，曾经双脚踏在岩石上，双手浸泡在海水里的感觉。

“如果我不创业，我想我就是一个背包客，此刻会躺在非洲大草原看日落。”西藏、青海……刘培超的足迹遍布祖国各处山河。他特别喜欢爬山，先后爬了十多次泰山。有一次从下午5点一直爬到次日凌晨1点，途中迷路，四周漆黑，只看到眼前手电筒的光。他很害怕，但也相信沿着山溪一直溯源而上就能登顶。

当时他背着15公斤重的包，山上下着雨，气温只有1℃～2℃。他穿着单薄的速干衣一路摸黑前行。看到日出壮丽的一刻，他觉得所有在黑暗里的攀爬都值得。这份翻山越岭的年少轻狂，如今，已潜移默化地注入他的创业精神中。

# 李天驰：你的人生，应该燃一次

李天驰，山东大学软件学院2009级本科生，编程猫创始人，入选2017年福布斯中国30位30岁以下精英榜。编程猫现已成为注册用户超32万，完成$A^+$轮融资的少儿编程教育明星品牌。

李天驰

2015 年 7 月，前央视名嘴张泉灵离开央视，加入创投圈，引发全民关注。

2015 年 11 月，湖北卫视《你就是奇迹》开播，这是张泉灵离职后的首秀，身份是“神秘投资嘉宾”。第二期节目里，由两位海归 IT（信息技术）男打造的少儿编程教育项目“编程猫”，一上场就获得了张泉灵的全力背书。

张泉灵的儿子晨晨是编程猫的学生。据张泉灵说，儿子上到第四堂课的时候，就会编类似于植物大战僵尸的游戏了。更让她惊讶的是，9 岁大的孩子已经学会改变程序代码中的基础数值，让妈妈在游戏中处于必败之地。“未来孩子如果不会编程，他有可能永远是那个 loser（失败者）”。

有了学生家长张泉灵的现身说法，编程猫的底气更足了，甚至一跃成为《你就是奇迹》舞台上首个 10 盏投资意向灯全亮的“灯王”，获得国内顶级投资人的争相投资。就连把控全场的主持人姚长盛都忍不住惊叹：“这场面太壮观了。”

而这距离李天驰归国创办编程猫，仅 8 个月。

## 1. 欧洲归来的“辍学者”

李天驰出生于一个教师家庭，父母都是老师。李天驰还有个弟弟，比他小 14 岁。受家庭影响，李天驰一直关注教育行业的发展。在他眼中，教育是一个还未被改造的古老行当，当其他行业走向细分化、体系化时，教育行业还基本维持着老中医看病模式，“一个老师来给你把把脉，告诉你需要补这个，补那个”。

对技术情有独钟的李天驰认为，技术要影响更多的人，就需要和其他应用场景结合，而教育则是他最感兴趣的场景。他直言：“从我在山东大学软件学院学习的那一刻起，就非常希望看到，科技如何融入教育里。”

先进的 IT 行业，落后的教育行业，二者的碰撞会擦出怎样的火花，李天驰很好奇。他在本科期间尝试做过教育方向的创业项目，海外留学时在创业项目中结识了现在的合伙人。

李天驰在巴黎第十一大学时，结识了同样就读于人机交互专业的孙悦。

他说："那时就有创业的想法，想做一些事情。"研究生期间，他们和三位外国同学一起，开发了一款应用软件，为初到法国的留学生提供对接服务，该项目曾在法国创业大赛中一举获得冠军。

欧洲游学

获奖后，李天驰有机会前往爱尔兰参加世界互联网峰会。期间一次偶然的机会，李天驰在一场少儿编程比赛中，看到一个不满 10 岁的爱尔兰孩子在用图形化编程语言熟稔地制作游戏与软件。"当时我们都惊呆了，我们学编程出身的，却没想到，这么小的孩子就能编出这么厉害的程序，水平之高甚至超过了多数中国大学生。"

教育面临的一个问题是，"05 后"到"10 后"这个年龄段的孩子，等他们到了 20 多岁去找工作、去创业的时候，将面临怎样的时代命题？"iPhone（苹果手机）用 10 年的时间，改变了人类社会；阿尔法围棋如今已是第二代，当它升级到第十代时，会迎来一个怎样的社会呢？我们很难去预判，但可以肯定的是，我们的工作会发生很多的变化。"而教育要面临的终极问题是，我们需要什么样的人才？

事实上，早在 2014 年，英国就已经把图形化编程纳入 5 岁以上小朋友的必修课里；在法国，编程被纳入初等义务教育的选修课程；北欧国家如芬兰、爱沙尼亚也把编程作为一门非常重要的义务教育学科。当欧美国家大力推广编程教育的时候，作为走在世界互联网发展前列的中国，少儿编程教育却还是一片未开发的“处女地”。

牛津大学在 2013 年发布的一份报告中预测，未来 20 年里有将近一半的工作可能被机器所取代。随着人工智能的应用门槛逐步降低，人工智能可以完成非常多辅助工作，社会对重复性劳动的需求将会越来越小。在人工智能发展的时间节点上，教育和工作，毫无疑问，会发生翻天覆地的变化。这意味着，未来一代的孩子，不仅需要与人交流的能力，也要有和机器对话的能力。编程，正是连接人与机器世界的桥梁。

李天驰认为，这是一个巨大的市场机遇。“这些孩子长大以后，他们面对的是 2030 年的世界，那时候编程将成为最重要的一项技能。”

缺乏经验和资源的李天驰和孙悦决定，先报名参加“傅盛战队”创业孵化比赛试试水。据猎豹移动公司市场总监赵莎莎回忆，“傅盛战队”的创投活动因为参与门槛不高，又有一些知名的企业家和投资人助阵，吸引了数千个创业团队参与。让她印象很深的是，其中有一个小伙子，带着他当时的同学、现在的合伙人，从欧洲飞回北京，拖着行李箱直接到参赛现场做展示。那个小伙子说，自己是个“技术宅”，他眼中的世界是一个程序的世界。他很羞涩地给每个工作人员带来了欧洲的明信片。意外地，在做项目演讲时，1990 年出生的他突然表态：“我准备辍学创业。因为，再不辍学就老了。”而他要放弃的不是一般的学校，是巴黎第十一大学、柏林工业大学、欧洲创新技术研究院共3 个硕士学位。他演讲的时候，台下坐着 500 人，此话一出，一片哗然。“同学啊，在我们那个年代，考上了欧洲 3 个硕士学位的年轻人，是要到周一早上的升旗仪式上接受表彰的！”有人问他，好好的书怎么不读了呢？他说：“我知道自己要什么，这两年虽然在欧洲上学，但也折腾过几个项目，现在这个项目肯定能成，我已经等不及要大干一场。”

这个年轻人就是李天驰，那年，他 25 岁。

最终，李天驰的少儿编程教育项目从一万多个参赛项目中成功突围，入选四强。在此契机下，李天驰与孙悦一起放弃了 6 个欧洲硕士学位，2015 年 3 月归国，创办了编程猫。

在《你就是奇迹》的60秒自述中，李天驰感性地说："这一幕在大半年前也发生了一次，那时候我接了一个电话，电话那头的孙悦说：'我们辍学吧，去做一件会改变整个中国下一代教育的事情。'当时我也是用了这样一个60秒的时间，作了最正确的一个决定。"

如今，当我们问起当年辍学的原因时，李天驰像个调皮的大男孩般笑着说："做IT的人，都梦想着做比尔·盖茨，当时还差3个月就毕业了，连论文都写完了，这是我这辈子最后的辍学机会了。"

## 2. 不有趣，就去死

最初，编程猫是从一个微信公众号起家。那时，公众号只作为一种推广手段，只发一些培训少儿学员的招募信息以及图形化编程知识和趣味游戏的文章。

有趣的是，编程猫公众号在没有任何推广的情况下，却能自发"圈粉"。"用户们下载以后登陆学习，慢慢地会有一些编程作品涌现出来，因为家长们都有晒娃心理，会主动地去朋友圈里晒自家孩子的作品，这样引发了家长间的'攀比'。关注我们微信号的家长和学生也越来越多。"李天驰说道。

同期，编程猫推出了教学软件，主要靠着微信公众号来带动软件下载量。对编程猫来说，公众号并非全部，却是一个重要的信息流量入口。那时，在公众号的助力下，编程猫软件注册用户超过7万，用户停留时间平均每周约40分钟。

李天驰明白，做好教学内容才是守住微信入口的核心。他坚信"好的产品可以击穿一切"，教育产品的口碑尤其重要。对于编程教育来说，如何让孩子产生兴趣，是一个需要思考并解决的问题。而对于儿童教育行业来说，孩子是否对你的产品产生兴趣，是最直接的口碑，最直接的效果。

编程猫的口号是：最有趣的少儿编程教育。"在你任何一个规划里，你要非常清楚，谁才是影响到这个产品的人，谁才是最终使用产品的人。"为此，李天驰和他的团队花了大量的时间研究怎么样让孩子真正爱上编程这门枯燥的学科，如何让孩子能够真正投入其中，能够爱上创作。

编程猫线上界面

“常有投资人问我，编程猫最大的优势是什么？我每一次都会给出一样的答案：如果编程猫还有一些优势，一定是因为我们比其他人更理解孩子。”李天驰认为，这批“05 后”和“10 后”的用户，他们思考的东西和我们想象的非常不一样。

李天驰举了一个例子。据内部数据显示，用户在编程猫的平台上除了编程以外，最喜欢的功能是写小说。有很多八九岁的小朋友，在平台上连载小说已经有几万字，最多的一部小说有几十万字，这对于大人而言，是很难想象的场景。为了不被时代抛下，这位“90 后”“叔叔”会花大量的时间跟小朋友打交道。在编程猫的论坛里，李天驰很活跃。“我在公司里提倡，每个人都去做客服，每个人都去跟用户做朋友。”而这种对孩子的理解，不仅来源于与孩子的沟通，更来源于对数据的钻研与分析。

李天驰认为，一个互联网企业，一定要去看数据给你的反馈。“我们开会常说，‘把自己浸泡在数据的海洋里’。”在产品的最初研发阶段，用自己的主观判断去创造一款产品，这可以理解。可是，当产品投入市场后，有用户开始使用后，这个产品就不再属于你个人，你要让数据牵着产品跑，不断去做测试。

数据与沟通让李天驰明白，编程猫的用户都是一群“中二少年”，他们有着互联网时代的思考方式，喜欢交流，也喜欢互相“拍砖”，因此产品的社区功能主要是为了满足这个需求，提供动画、小说等内容。

编程猫线下活动

内容方面，李天驰一直坚持一句话——不有趣，就去死。再过硬的产品，如果内容无趣，一样无法吸引用户，所以编程猫加入了很多原创的动漫元素，同时尝试将编程猫的形象 IP 化（动漫化、公仔化、人物化）。另外，所有上课内容都以剧情的模式切入，学生需要以 Project Based Learning（项目式学习）的方式完成任务。在人员配备上，内容团队已经和开发人数相当。

凭借着过硬的产品内容，在两年多的时间里，编程猫已经积累了 30 多万名学员，团队扩张到深圳、北京、广州等地。近期，编程猫已完成约 1500 万 $A^+$ 轮融资，这次的融资将用于新课程的开发。事实上，编程猫在课程的更新优化方面一直在不懈努力，如今已搭建起完整的 9 级共 1800 节课程体系。如果全部学完，孩子将达到斯坦福大学计算机专业毕业生的水平。

作为没什么背景和根基的创业团队，编程猫持续获得投资人认可的关键就是，认准一个大方向，敢想敢做。创业至今，李天驰见过的投资人不下数百个，他们看重的东西也各有不同。创业者不可能用投其所好的方式去拿投资，创业团队在资金和实力上显然拼不过 BAT（百度、阿里巴巴、腾讯），做事业的初心才是打动投资人最有力的武器。“一心坚持做优秀的产品，一定会吸引来伯乐的欣赏。”如今编程猫的投资人中，有三个都是学员的家长，其中包括傅盛和张泉灵。

编程猫团队成员

关于产品，李天驰始终坚持，“创业者需要先相信自己的初心，好的产品会击穿一切。如果投资人不青睐你，用户不喜欢你，一定是你的产品不够好”。如果你踏实地关注这个产品的每一个细节，日积月累，就会越来越能打动你的受众。

### 3. 做好眼前事，走稳脚下路

对于如今的创业热，李天驰建议，大学生不要太浮躁。“对于创业，社会上有一些不好的声音，让整个氛围变得浮躁。我认为应该沉下心去把自己想做的事情想清楚。”李天驰提到的“浮躁”，主要有两种表现：一种是认为写个商业计划书就能拿到钱；另一种是没有想清楚自己的商业模式就盲目创业。

现如今清醒的李天驰，当时，也差点被浮躁绊住脚。

海外留学期间，李天驰接触了很多创投圈的领军人物，包括巴黎国家银行的高层。“在创投圈里，很容易认识你以为很厉害的人，你们很容易就建立一个联系。这时候，一定要记住，一个微信就只是一个微信，没有什么用，甚至往极端说，认识谁都没有用，最终还是要靠你的产品。”

李天驰在这里吃过亏。当年，辍学回国3个月，项目仍无进展。反思那段日子，李天驰坦言，当时花了大量的时间在见投资商、找办公室等事务性工作上，实际上，这些对核心工作不会有贡献。“说得通俗点，你的学生不会因为你找到一个办公室就变多，你的产品不会因为你见哪个投资人就变好。”

好在，傅盛的一顿臭骂点醒了他。作为“傅盛战队”的四强，李天驰和孙悦随傅盛一起参观硅谷，向优秀企业家取经。期间，他们和傅盛做了深入交流，“被说得面红耳赤，但也学到了很多，收获巨大”。

李天驰回忆起见谷歌副总裁的场景。当时，那位副总向他们分享了一个管理方法：twenty percent extra time。即，谷歌的每个员工都被允许花20%的时间去干他们喜欢的事。

当时傅盛虚心地问：“这样的话，员工不就只花80%的时间工作吗？你怎么保证他们的任务能完成？”那个副总笑笑说：“不，这意味着他们要花120%的时间工作。”

这件事给李天驰的触动很大：“就像一瓶水，倒空了，才能装满水。对于一个人来说，一旦你觉得自己非常‘满’的时候，那么就什么东西都学不进去了。你只是在那里炫耀：自己这瓶‘水’看上去很满。年轻人应该有一个开放的心态，去接触不同的东西，而这种心态的转变，最终会改变做事的态度。”

这也是许多大学生所欠缺的地方。“很多人还没做就给自己设框，下意识地认为自己不想做这个，不想做那个。”李天驰却认为过去的一切都不会没有意义，所有的东西在将来都会派上用场。比如大学期间的两次创业经历，其中有很多经验就对李天驰现在的创业帮助很大。“过往的种种成就了现在的我。”重要的是，要保持一种心态：不管什么事情交到你这里，一定要去做到最好。李天驰建议：“如果说大学生要培养什么能力的话，就是把眼前的每一件事踏踏实实做到最好。”

在做好眼前事的同时，也需要花时间想清楚自己想要什么，并围绕目的去寻找途径，从而分配时间。但是，对大部分人而言，判断并作出选择，并非易事。李天驰认为，大学生的未来充满了无限可能。学生时代，命题不一样，什么都可以去做，去尝试。大学生本质上还是一块未被开发的非常有潜力的石头，需要花很多时间和心思去雕琢它。

如果目的是创业，就需要去了解创业环境，与创业圈的前辈交流经验，包括参加比赛，加入创业公司，去历练一下，尝试一下，感受一下创业氛围。年轻人创业，李天驰认为最重要的是分清自己的优势、劣势。“在创业经验上和管理上肯定会有一点欠缺，但你要相信，你不能做的事情，你可以花钱请别人来帮你完成，花钱都补不回来的东西是你真正需要去努力的地方。但比较有用的一点是你对互联网时代的理解以及对下一代主力消费人群的了解。”他建议有创业意愿的年轻人要扬长避短，发挥自己的长处。“如果从事的创业行业是门店的管理，可能会要求更强的管理经验，这就可能不太适合年轻人。在创业领域，应该仔细分析是不是适合自己。”

赵莎莎最近一次见李天驰时，他还是提着行李箱直接赶到咖啡厅，没聊太久就得赶回去做 PPT（演示文档），因为第二天要出席编程猫和梦工厂合作的新闻发布会。赵莎莎随口问了一句：“你们的微信公众号现在是谁负责？”李天驰回答：“我自己写。市场方面一直没找到合适的人，就由我们的财务人员兼着做一些市场和商务的工作，但是微信文案他写不了，就由我来写。”

在知乎“人在年轻的时候一定要奋斗吗？”的回答中，赵莎莎举了李天驰的例子。她说：“你看，总有那么一小撮老天格外眷顾的孩子，他们在年轻的时候就自然习得，从父辈身上顿悟了奋斗背后的巨大意义，并且在飞驰的人生列车上，一次又一次上瘾式地向未知的自己发起进攻。读书的时候他们全力投入，一骑绝尘；搞事业的时候，他们不顾一切，一鸣惊人。他们显然会拥有更为幸运的人生结局。而年轻人中的大多数，是像我一样没去欧洲开过眼界，出身于普通家庭。父母从小教育的是，稳定压倒一切，知足者常乐。如果不是亲历了奋斗带给人生的重大变化，我也可能会抱着上一家公司，安然享受着‘舒适安逸’，直到‘优化’突然降临。”

这个答案，获得1125个“赞”。

李天驰和他的小用户

其实，真正驱使李天驰走到现在的，不是野心，也不是能力，而是内心的情怀和使命感。“我们做的这一切，就是为了使这一代的孩子能够凭借编程和创造力，让我们这一代有所仰望。”就像他在入选福布斯中国30位30岁以下精英榜单时所说的，教育是一个需要沉下心来细细耕耘的领域，希望在未来的这个福布斯精英榜单上能看到“编程猫”的小用户们。

李天驰和采访团队

# 窦晓静：伴我童年的创业梦

窦晓静，山东大学汉语国际教育学院 2009 级硕士，北京多豆科技创始人，于 2016 年推出了全球首家交互类汉语学习 APP(应用程序)。

窦晓静

"我妈妈是自己创业，所以我特别天真，初中时候就想要开我自己的公司，高中的时候我想要做一家世界 500 强的企业。"如今正在创业的窦晓静这样回忆自己童年的梦想，幸运的是，她正一点点地让梦想照进现实。

窦晓静说："长大后你就会发现，创业不是一件特别容易的事。"但她是个特别爱操心的人，特别喜欢拓展很多学习方面的东西，所以创业的想法一直植根于她的内心深处。

## 1

窦晓静本科就读于山东师范大学，研究生就读于山东大学。本科阶段，她是山东师范大学百度贴吧的吧主，一做就是四年，同时还是《山东师大报》的副团长、记者站站长、学院信息部部长、班级组织委员、英语俱乐部副社长。窦晓静组织过近千人的活动。众多的标签加身，不但没有影响窦晓静的成绩，反而极大地锻炼了她统筹兼顾、合理规划的能力和心理承受能力，奖学金等荣誉也屡屡榜上有名。

关于自身的专业，窦晓静表示挺无奈的，直言是汉语国际教育专业选择了她。

当时窦晓静特别喜欢摄影，所以就想报考山东大学的设计艺术理论专业。距离考研还有 3 个月的时候，窦晓静看完了图书馆里所有关于美术史的书，当时外国美术史的满分为 150 分，她考了 130 多分。现在回想起来，窦晓静说："学习方面不是天生的，当一个人特别地想要一件东西的时候，就会下意识地去努力。"

当时山东大学艺术学院的一位教授，一直想挖窦晓静过去写画评，因为这位教授惊讶地发现，随便扔给她一个中国美术史或者外国美术史的问题，窦晓静都能对答如流。然而最终因为跨专业问题，窦晓静没能如愿以偿地选择心仪的专业，而是被调剂到了国际教育专业。

阴差阳错，在汉语国际教育学院，窦晓静迎来了春天。

2009 年入校，2010 年的窦晓静就作为最早的一批国外汉语教师志愿者被派往韩国的东西大学孔子学院。在韩国做志愿者的经历，为日后窦晓静创业埋下了伏笔。

在孔子学院工作(右六)

由于表现出色,2012 年窦晓静又被派往韩国任教一年。2014 年她成为韩国首批获得“优秀汉语教师志愿者”称号的人。

到毕业,窦晓静已经有 1500 多小时的汉语教学经历,教出 1000 多位来自全球 26 个国家的学生,算得上是经验丰富了,所以她对于汉语学习过程中的障碍和难点,无疑有着更深的了解。

毕业后,窦晓静依然选择了汉语教育工作。她先是担任了半年的外聘汉语教师,又到上海的汉声中文,负责 3 个系列、十几个 APP 内容的编写外加一些教学设计。这时,她算是正式踏入了互联网行业。初次涉足,她凭借十几个 APP 一年之内就为公司拓展了 200 万的用户。

可是,窦晓静却在辉煌的时刻选择了离开。

## 2

2014 年年底,窦晓静到了北京。“做对外汉语这件事情,好的学术资源都在北京,想要有能力去拓展,还是要来北京。”她这样解释当时的选择。

北京首站，窦晓静选择了国家开放大学对外汉语教学中心，开始做产品经理和项目经理，负责设计产品原型。“类似微信这样的产品，每个页面应该有什么内容，每一个功能点击之后应该链接到哪里去，这是产品经理要做的事情。”她说，很多汉语老师都想过做类似的教材或者是产品，都有这样的愿望，但自己能够真正实践到这一步是从北京开始。

2015年年底，国家汉办考试处向窦晓静伸出橄榄枝，希望她帮HSK（汉语水平考试）做产品的设计，于是她便被外聘做了产品经理。

当然，工作期间也不乏迷人的诱惑。

2016年，完美世界公司的领导找到窦晓静。像这种大的公司内部会孵化出很多与其主营产业不相关的项目，而且内部也支持创业。当时完美世界汉教项目组有程序员，有汉语老师，有专业产品，只需要一个产品经理和一个idea（创意），如果窦晓静同意，立刻就能编织自己创业的梦想。

然而窦晓静选择了拒绝。

“如果由外行来做，产品肯定是一个不那么契合学习者需求的东西。那个时候新生创业者再出来做的话，资本市场可能会说，‘完美世界都没有做出来的东西，你凭什么做？’”所以窦晓静很怕他们把这个市场做坏了。同时她也意识到，对外汉语教育正逐渐被人关注，这也在一定程度上促使她加快了创业的脚步。

## 3

在为创业做准备的阶段，窦晓静的职业规划非常明确：当汉语老师→做教材→做互联网产品→当产品经理→当项目经理，这属于行业内的纵深发展。

她也给了大家一些求职方面的建议：如果要走向职场的话，前两三年你有可能会选择与自己专业相关的工作。如果你找到了自己感兴趣的工作，那么这三年要把它当成一个试水，你可以不停地跳槽，然后看自己最喜欢做什么。一旦找到了一个感兴趣的行业或者职位，要么就横向发展，要么就纵向发展。

“首先是横向发展，比如要做会计，开始的时候是在小公司，后来就可以慢慢地考虑一些大的企业，再后来就可以去四大会计师事务所，一步一步去更好的公司，但始终是在会计这个岗位上，这样在会计这一方面就能做到专业。但如果想做一个行业，就需要纵向发展。比如说想做对外汉语，就要尝试所有岗位，任何岗位都要有几年的累积。这就是职位的专家和行业的专家，到底是选择怎样的发展方向，要认真考虑和规划。”

## 4

幸运之神似乎总是眷顾窦晓静，每一次转折处，都有贵人伸出双手引导她去往更广阔的世界。其实背后自有她的“迷人之处”。

早在建立多豆科技以前，窦晓静就有丰富的内容编辑经验；初到北京时能被国家开放大学选中也离不开她研究生阶段编纂汉语教材和课件的经历。为了方便学生观看，窦晓静将课件上传到脸书上，新颖别致的内容和别具一格的教学形式让她的课件在众多资料中“脱颖而出”，因此窦晓静直接担任产品经理、项目经理，不足为奇。

同样，在对外汉语教育领域，有着从教学到做项目经理如此完整的职业经历的人屈指可数，这又为她后来走进完美世界打下基础。

“你自己如果热爱这个行业的话，是会感染到一些人的，大家发现从你身上能够看到这个领域更多的东西，所以才会去挖掘你。”窦晓静的语气中透露着诚恳和谦逊。

此外，有意识地去拓展自己的职业“层级”很有必要。“不要只局限于做一个写教材的人，或者做一个负责项目的人。你可以看这个方向是否有更高层次的发展，比如说互联网时代，之前做平面杂志，现在可以尝试做电子杂志，类似于这样，职业规划要有合理的延展性。”

其实命运之神从来没有偏爱她，是自己的努力眷顾了自己。为达成目标想方设法地充实自己，可以算是窦晓静获得命运青睐的重要因素。

在国家开放大学，窦晓静为自己的境况作了一个判断，她发现自己对产品设计师这一职位特别感兴趣。“如果想做一个产品设计师，那么就要有意识地巩固这一部分。”于是她一边上班一边去参加线下的课程，包括周末两天都要去听课、听讲座。

她是一个好奇心强的人，特别愿意去学一些新的东西，比如产品经理要用到的 photoshop（图像处理软件）等，她都是自学完成。

创业伊始，窦晓静拿出了 60 万元的积蓄，父母正值困难的当口也毫不犹豫地变卖了一处房产支持女儿创业。家人的支持让窦晓静尤为感动。

**5**

多豆科技出品的应用软件上线 20 多天后，累计用户达到 14000 名，这其实都是前期积累的种子用户，用来反馈使用方面的问题。所以仅 20 天内，多豆应用软件已经迭代了三个版本。国内大规模的留学生群体、全球数量庞大的汉语爱好者，与对外汉语教育轻量化教学这一领域的空白形成了鲜明的对比。因此，窦晓静认为，多豆科技大有作为。

Funnybean Technology

公司徽标（LOGO）

多豆表面上看是趣味性的，实际上在编写过程中都严格按照 HSK 的要求，在满足严格的语言级别的同时又满足了漫画式和剧情式的连贯性要求。当然，这就牵扯到快速地更新和迭代，所以作为一款全球首创的教育类应用软件，其技术要求还是非常高的。

到目前为止，虽然窦晓静的核心团队只有 9 个人，但每一个成员都身怀绝技。

多豆科技团队核心成员

市场和资本决定了每一个岗位上的人必须有充足的经验。比如多豆科技的后端工程师有 7 年的项目经验，iOS 软件工程师则来自小温传媒，全职漫画主笔在英文翻译和视频制作方面都经验颇丰……但他们大都降薪入职，这样一群老练的“天才”之所以心甘情愿地聚到一起，或许创业的激情和梦想才是打动他们的原因，才是这个团队的灵魂。

产品图

在窦晓静的规划中，5 年后多豆科技最好能够在国外上市。如果一个汉语与漫画相结合同时带有大量中国元素的企业在美国上市的话，其本身就是一种文化碰撞和对外宣传，除了可以在对外汉语教育领域提高认知度以外，还能够获得公司发展估值，这是一个非常好的选择和契机。

回顾自己的创业经历，窦晓静感慨道，创业其实是要求综合素质特别高的一件事情，要有足够的能力去很快地认识到这些事情。如果再让自己重来一次的话，窦晓静还想补充一些人事管理方面的经验。为了减少开支，窦晓静一个人兼顾财务、人事管理、缴纳社保、订午餐等工作。

窦晓静在工作中

“每一个创业者的背后都有难以想象的纠结和挣扎，所以刚刚走出校园创业的大学生，除非在学校里边已经有特别深厚的积累，否则是很难成功的。”窦晓静认为，创业这件事情，首先要对自己负责，对团队负责。“很多摸爬滚打很多年，有着丰富经验的人来到多豆科技，他们其实可以有更好的选择，去过更安稳的生活，但他们选择了你，他们信任你，他们投入了感情和金钱以及时间在帮你一起去完成梦想，所以你一定要对他们负责，不能轻易放弃。所以，年轻的创业者一定要三思而后行。”

对正在创业的人，窦晓静也有话要说。

“很多年轻的创业者容易犯的错误就是认为一定要镇得住员工，其实没有必要。多豆科技团队中的每一个人都有着丰富的经验，他们很清楚发薪水的人是谁，所以不必特意强调自己的位置。一个领导所要做的就是找到正确的方向并让他们愉快地工作。”

窦晓静说，他们团队中iOS工程师的孩子特别喜欢恐龙，入职的第二天窦晓静就送给他一本恐龙大百科全书，儿童节的时候还给孩子买了一套恐龙的乐高玩具。“用心去关注你周围的人，他们也会用心关注你们共同的事业。”

这种细致入微，让整个团队团结在一起。每一次分针转动的瞬间，多豆的群体都在壮大，中国的汉语文化都在传向四面八方，而窦晓静也离童年的梦想更进一步。在一条较少人涉足的道路上，窦晓静笑了笑：“我觉得，都OK（很好）。”

# 高发亮：千磨万炼，敢为人先

高发亮，山东大学道路与铁道工程专业2007级硕士，2010年毕业后在交通运输部公路科学研究院工作5年，2015年6月创业至今，已在北京、山东两地创办两家公司，并持续探索着行业的新产业模式。

高发亮

## 1

我是高发亮，这是我的故事。

在大学里，我基本上就是个书呆子，研究生时候有所改观。

本科阶段我基本是浸泡在学习中的，两耳不闻窗外事，一心只读圣贤书。那时候我沉心学习，并没参加多少活动，但是到了研究生阶段，情况就不太一样了。我开始积极主动地向导师的科研课题出击，而且一做就是十几个项目。

三年的科研经历，虽然在技术层面没有取得大的突破，但在工程实践层面，我却收获了最宝贵的东西——做项目的总体思路。我想这一点对于我日后的创业大有裨益。

回顾研究生阶段的学习，我认为研究技术很重要，但对业务协作模式的了解与学习同样不容忽视。当导师交给自己科研课题的一个环节时，你就必须得了解这个环节的上下游是怎样的协作关系，在整个科研课题里面是一个什么定位，同时对科研课题整体情况也要有所把控。要多问为什么，为什么是这种业务管理模式，这些业务模式里面存在什么奥妙……这些都是研究生阶段更应该思考的问题。要做到事无巨细，而不是去单纯学习这些知识。

研究生毕业后，我进入交通运输部公路科学研究院工作。研究院作为行业排名第一的科研机构，和各个地方的公路局、交通厅以及山东高速集团、齐鲁交通发展集团这样的单位有很多的合作。因此这是一个比较高的平台，站在这个高平台上，我可以看到更多的东西，同时接触到了大量行业里的精英人物，与他们的交流也逐渐拓宽了我的业务思路。所以在研究院工作了5年之后，我的眼界更加开阔，同时积累了一些行业中的新的项目模式，这是在校园里不可能接触到的。我想这段职业生涯对我的创业之路而言是意义非凡的，为我以后的创业之路打下了坚实的基础。

## 2

我个人比较务实，因此从基层员工到具体业主，从材料研发验证到现场工程推广，我都有参与。“纸上得来终觉浅”，在“一线”往往可以得到大量的问题反馈，而通过对大量问题的总结，就可以逐渐找到创业的“钥匙”。

比如，传统的业务模式是材料供应商在不同的省份同时负责很多工地，每个工地都需要供应材料，而供应材料的时候需要有配套的技术人员；如果在这些工地间不停地调度协调，就变成了一种耗时耗力的低效率、高成本的业务模式。我认为这一方面是值得改进和研究的，这也就成了我创业的第一个灵感。

此外，供应商与业主单位、施工单位、监理单位对接的工作多且繁杂，如果安排一个人在同一个地方帮几十家材料供应商做技术服务工作，就相当于替供应商省下了很大一笔协调费用。换个角度来讲，我们并没有从他们手中额外抢利润，只是将原来业务模式里低效率的管理方式用一种新的形式高效运作起来。

当我在创业的门前兜兜转转两年多后，我选择离开研究所，成立北京路养公司。那个时候我已经在研究院工作了5年，已经从普通职员坐到了项目经理的位置上。当时创业有各个方面的压力，其中一个来自家庭。为了让家里人安心，我就和妻子商量了一下，瞒过父母直接辞职了。

## 3

在创业的过程中，平台是不容忽视的。在选择好平台前绝对不能贸然行动。

虽然公司注册地是北京，但考虑到原单位的业务基础和业务资源大多在山东，于是我把业务重心选在了山东。

虽然业务模式已经实现了从0到1的突破，但模式不是一成不变的，我又发现了几个全新的可探索的领域。

一是材料业务，包括公路养护的材料的研发、工程验证、技术配套和材料销售。

公司研发的新材料

这一方面我们与山东大学的老师们携手，依托母校的研发资源进行技术控制。技术掌握不精准或理论层次不够拔高的部分，我们邀请老师共同参与，与老师保持密切合作。

把新材料、新技术包装成为系统的科研项目，老师们就可以做一些配套的科研课题了。而以解决实际问题为出发点的科研课题合作，使企业与高校的合作更加亲密无间。一方面业主单位可以通过科研课题合作对各项技术和新材料有更加系统和具体的认识，另一方面在应用新材料的时候，他们可以有的放矢，从而比较方便地选择新材料类型。

此外，老师们需要现场配合实施的实验研究课题，我们团队也会积极配合。因此，将科研能力转化为技术成果，对高校研究、对企业技术拓展、对具体工程实施都是很有益处的，这将是一个良性循环。

二是设计咨询业务。一个工程要实施，需要业主立项，之后由设计院负责设计，再经过招投标，最后施工单位依据设计文件负责具体施工。平时我们在现场看到的公路工程基本是最后一个环节——施工环节，其实之前还有很多工作要做，比如公路采用什么样的养护方案合适，采用什么样的设计方案能实现一个最好的性价比。而帮业主解决这些具体的问题也是我们要做的工作之一。

在工程实施的时候需要应用很多材料，除了常见的沥青、石子、水泥、混凝土，还有一些新型的道路材料，像公路养护行业用到的新材料就多达100多种。

新材料从研发完成到工程现场实施，存在很多隐性问题，比如材料生产企业本身会存在一定的技术短板，它们虽对材料生产环节胸有成竹，但是对于材料怎么运用于现场却是无法掌控的，于是现场的技术配套就是上游材料和设备供应企业的薄弱环节。除此之外，材料改进仍存在薄弱的地方，上游企业缺乏系统的实验，没有办法进行系统的检测；对材料在整个行业里的重要性，上游企业可能掌握得并不精准。

于是我们顺势建立了山东地区的公司，尝试打造一个道路新材料的检测平台。

现场施工

公司目前有两个盈利点：一是通过这个平台给企业的新材料做基础检测，对材料的行业定位、性价比、竞争力给出参考意见，给企业提供改进建议。二是帮助材料供应商实现标准化要求的材料技术配套。新材料应用，必然要配套新型的道路行业施工设备和技术。比如说材料的温度控制、比例调和、摊铺碾压工艺选择等。我们的平台可以帮助他们解决一系列问题，进而达到行业要求。

目前我们已经与山东大学和山东省公路协会确立了合作方式，山东地区的公司也基本确立了发展规划。

第一阶段在山东省齐河县展开。在园区周边道路上打造一个新材料、新设备、新技术示范工程，起到一个良好的示范效果；而后通过这种新型的道路材料业务模式，把这种新型的材料供需关系通过网络化的平台搭建起来，进一步提高道路行业材料的供应效率。

目前，行业的新材料、新设备的展会基本上是由中国公路学会主导，交通厅、公路局和大型国企配合，而具体的材料用户、地级市的公路局和相关的施工单位要不断地更换场地“追逐”展会。如果能够打造一个大型展览基地，也就打破了这种僵局和低效高价的运作模式。

因此，后期所做的大型展览基地也属于行业里独树一帜的。齐河县政府会提供 66667～133334 平方米的场地打造两个大型车间，整合接待、会议、餐饮等服务。基地主要承载两个方面的展览工作，一个是道路行业新材料展览工作，另一个是道路行业的新设备展览工作。

建设大型展览基地可以推动材料生产企业落户齐河，这是齐河县政府感兴趣的一大亮点，对当地的经济起到了极大的带动作用，还能解决当地的就业问题。所以这种新模式也得到了各级领导的大力支持。在各部门的大力支持下，我们相信后续工作会开展得更加顺利。

我们还有组建道路行业校友联盟的计划。通过组建山东大学校友联盟实现道路行业校友的资源共享，可以及时获得交通行业的长期规划或建设计划，这种信息共享模式对以后公司发展方向的确定与重心调整等都有一定帮助。

**4**

总的来讲，探索一个新型运营模式是非常艰辛的，没有前车之鉴，一切只能在摸索中积累经验。而艰辛，对于初创企业来讲更是家常便饭。我要常常待在工地现场了解情况，还需要协调各种关系，体力、脑力都备受摧残。

有了这些创业经历后，对大学生创业这个话题，我有几点看法。

首先，大学生不要盲目创业。因为创业需要一定的技术积累，而且第一份工作至关重要。对于第一份工作，不要过分要求好的待遇，而是要找一个好的平台，对你自身以及日后创业有所帮助的平台。

比如说在道路行业，如果一开始追求待遇进了道路行业的设计院，待遇虽高，但你会工作得很辛苦，没有过多的精力去思考创业，而且没有机会去接触其他环节的人来帮助你构建自己的业务新模式，这都是优渥待遇下看不到的“点”。

其次，要注重实习的重要性。课本知识很重要，但是不能单纯地依赖课本。工作以后，课本上学的技能基本不会用到，大学的学习更重要的是培养我们思考问题的能力，拓展我们的思维模式，而知识只是一个载体。大学的学习能够让我们对以后的工作有一个大体的概念，让我们快速地把工作技能掌握起来；通过实习能够掌握课本上没有的知识，对于工作和创业来说都是极为宝贵的经历和财富。

最后，要冷静思考，善于发现问题，总结问题，寻找突破点。在暴露的问题面前不要惮于改变，一旦突破，眼前就是一个全新的世界，而在全新的模式下，你的思维就是竞争力。

# 古欣：有人、有心、有心人

古欣，济南有人物联网技术有限公司创始人，2008年毕业于山东大学物理与微电子学院。大学期间即开始创业，有过两次创业经历，如今他是一位工业物联网通信专家，公司年销售额达上亿元人民币。

古　欣

## 1. 发于校园之中

理想的开始大多源于兴趣。

古欣本科期间学了与计算机相关的课程，他学会了怎样做网站，并慢慢地对其产生兴趣。大二开始，他每日泡在实验室里做开发，参与了“山东大学 ATMEL 联合实验室”的设立。到了大三，古欣在“学生在线”工作，有了在实践中学习技术的机会，在这里学到、用到的网站技术知识，都为后续创业打下了基础，让他受益良多。

而对古欣影响最为深远的人，是被他称为“恩人”的李茂奎老师。

2004 年淘宝兴起，2006 年淘宝上开始有商家售卖各种学生科技制作所需要的电子器件，古欣和他的导师李茂奎发现了机会。“我们也用这些东西，于是想着可以自己做，然后反过来卖。”

2007 年，在老师的指导下，古欣开始了创业的初次尝试，主要销售各类开发板和仿真器，当时网上同类卖家相对较少，而买家数量增长很快，凭借大学期间积累的网络推广知识和完善的售后技术支持服务，古欣所在公司制作的开发板和仿真器占到了淘宝同类产品市场份额的 70％以上，店铺也广受客户的好评。

可问题也随之而来，古欣的公司没有真正的核心竞争力——技术，所以高端的产品只能复制国外的。这样一来，当国外的产品升级换代时，自己的产品就会受到限制。而且，这种买卖基本是一次性的，需要不断开发新客户，这样公司很难发展壮大。

2008 年，古欣凭借《基于单片机的网络远程控制系统》一文，获得“优秀毕业设计”荣誉，这时他开始注意到网络控制的趋势。在后来与客户的交流中，他又发现客户有联网方面的需求。

2011 年年初，古欣和师弟司南一起，做出了串口转网络模块的最早原型。

2011～2012年，古欣的团队基本上致力于产品销售，到2012年正式成立公司的时候，已经有了四五款产品，当时古欣一个人实现了48万的营业额。这期间，公司的晶体管串口转网络的模块的销售非常成功，它不仅确定了公司的产品理念——简单、易用、价格合理，早期较高的毛利率也支持了公司未来的发展。

公司产品

## 2. 古欣的“老板经”

2012年，有人物联网公司逐渐扩张，开始招聘第一位销售人员，第一位研发人员，第一位外贸人员，第一位物流人员……用古欣的话来说，就像唐僧西天取经一样，团队的成员都是在路上一个一个“捡”来的。

那么人员增加了，该如何当好一个老板呢？

古欣说：“其实当老板是一种职业，管理是一门技术，既然是职业和技术，它就一定是可以学习的。”当时一个重要的软件人员的中途离职对古欣触动非常大：“那个员工是个人才，但他觉得跟我做下去好像看不到未来，中间回来了一次，然后又走了。”从那时起，古欣就决定要把股权分散一下，也就是股权激励。“只有把一个人的公司变成大家的，大家才有动力，没有人会为了他人的梦想而努力，都是为了自己的梦想才奋斗。”古欣接着说：“2011年我特别幸运地看到了一个视频培训的课程叫‘老板学’，它让中国的企业家们的经营变得更容易，其理念就是教老板怎么做得更好。从那时起我就跟它一起学习，包括学习怎么做产品、怎么定位、怎么管理员工等等一系列的。"从一开始创业到现在，古欣对自己脑袋的"投资"至少超过100万元。

有人物联网一瞥

有人物联网团队成员合影

思考力和领导力是一个公司领导必备的核心品质。古欣认为，一个优秀的企业，一定要有核心领导、资本、技术和销售。“一个核心的领导者＋一个做产品或者懂技术的人＋一个能够把产品卖给陌生人的人＋一个在资本市场玩得开的人，这样的四个人组成一个核心团队，就可以做事情。”其中，作为核心领导，“你需要有非常强烈的使命感，心中有着对公司的愿景，这样别人才愿意追随着你”。“使命，愿景，价值观，组织，人才，KPI（关键指标、考核）——这是作为一个老板成天在脑子里面思考的东西。”

除了一个好老板需要的品质外，古欣还有一个优秀的品质——专注力。

对于古欣来讲，只要喜欢上一个东西，可以长时间，甚至没日没夜地去做。这份专注力，让他在毕业后同学们拿 4000 元工资，而自己只有 600 元工资的情况下，依然坚持了自己的选择。

同时，他也是一个乐观的人。

创业之初，古欣并没有什么后顾之忧，觉得 600 元够吃了，就不担心。他也不惧怕失败，并且很认同徐小平说的话——你这一次的失败只是你获取下一次成功的“敲门砖”。创业的路上谈不上失败，每一次的失败都是一次经验的积累，何况，创业选择的方向若好的话，就更不会失败。即使自己创业失败，这一次失败的经历也是下一次去其他创业公司当高管的“敲门砖”。

在物联网这个行业，很多人都很急，生怕错过了今天，明天就会被淘汰掉。而古欣公司的氛围是“慢慢地急”，也就是健康地成长。“心态上，我们要慢下来，一步一个脚印往前走。行动上，我们慢慢地去做，记得该干什么，马上干。”这也是公司一向坚持的价值观——天道酬勤，厚德载物，共同成长。为了贯彻这个快乐工作、幸福生活的理念，公司投了 12 万，建立了 12 个社团，每一个社团有 1 万块钱的活动经费。使用经费的目的只有一个，就是去玩，并且要玩得开心。在这些跨部门的活动中，同事们彼此慢慢熟悉起来，团队间也越来越和谐，公司上下都很团结。

身为老板，古欣也有自己的一套理念，就是和员工们一起成长。“我自己要身正、行正，沿正思维做正事，我会以身作则，带领大家去做事情，共同成长。毕竟管理更多的时候是一种以身作则的带领。”古欣又说：“我爱我的员工，发自内心地感激他们，我们大家在一起工作非常开心。”

## 3. 人生信条

“事情没有白做的。”这是古欣的恩师李茂奎老师说的一句话，也是古欣一直以来信奉的准则。

“你做的每一件事情都会在未来的某个时刻帮助你。比如说我上大学的时候在实验室待着，在‘学生在线’待着，包括社会实践，包括当过一段时间的国防生。这些经历或多或少成就了现在的自己。”

当年李茂奎老师把古欣带入门时，还教给了他另一句话——要逆大潮而行。

在如今的时代潮流下，很多人认为“做什么都要靠吹、靠忽悠”。古欣并没有完全否定这种观点。“你要把事情做出来，同时还要把这个事情传达出去，这是两项非常重要的相辅相成的能力。如果你光能吹，做不成事情不行；如果你只会工作，说不出去也不行。”

除了李茂奎老师，古欣的父亲、妻子也对他有着期许。

“妻子对我高标准、严要求，她的心理期望会不断鞭策我往前走。”古欣说，“父亲教给我的人生准则是‘行正念，正思维，做正事’”。这九个字贯穿于古欣生活的方方面面。

不存怨恨之心，不行伤人之事，是古欣对自己的要求。对员工，对朋友，对客户，哪怕是对对手，对仇人，他都从来不会怨恨，更不会主动伤害别人。这样的人生信念也被古欣传递给了儿子：“我告诉儿子想当老板的三个条件：第一条是爱人之心，第二条是努力学习，第三条是努力工作，这些需要他记一辈子。”

## 4. 回首来时路

回顾自己的创业之路，古欣认为选对方向很重要，尤其是对小企业而言。除此之外，专注与坚持、思考力与领导力也必不可少。专注力可以让你用更少的时间高效率地做更多的事情，而思考力是升级的关键，同样的时间，同样的工作基础，懂得总结归纳和创新的人总是能做得更好。

同时他也指出自己当初创业时忽视的地方："公司起步时，因为对财务和公司经营懂得不多，我们注册公司的性质是贸易，所以后来申请高新技术企业、申报国家项目等等都受到了影响。如果重新来过的话，从第一天开始就要实现财务的正规化。"

对于在校的大学生，古欣认为学好英语很重要，而且他本人并不建议一毕业就创业。"因为你什么也不会，怎么跟人打交道，怎么做产品，产品怎么卖，完全没概念，就凭着一腔热血不可行。一般最好的创业年龄是在 30 岁以后。"

古欣说，学校应该加大对实验室的投资力度，扩大开放的空间，与社会各界联合，多为学生提供实验实践的机会。古欣本人也怀有一颗感恩的心，他在学校作过《成长、成才、成功》的演讲，连续三年赞助山东省单片机大赛"有人杯"等。

在《给学弟学妹们的信》中，古欣写道："真正想创业的人是阻挡不住的，我有几个观点分享给你们：第一，要做大一些的生意；第二，要基于数字和事实决策；第三，要想办法做到第一或者唯一。"

有人在认真做事

有人物联网公司有着属于他们的企业文化——有人在认真做事。认真做事的人，组成了一群有心人。古欣就是这样的一位有心人，他用认真的态度，持久的专注力，优秀的思考力与领导力，带领团队在创业路上一往无前。虽然古欣认为自己创业较为顺利有运气的成分，但他一路的用心也不容忽视，毕竟“世上无难事，只怕有心人”。

# 刘洋、张洪管：坚持不懈，终有回响

2017 年 4 月，在山东大学“就业・创业・创新”成果展上，我们看到了一款新型消防车，青岛安邦水动力系统研究院也因此进入了我们的眼帘。

安邦水动力团队核心成员

刘洋、张洪管，山东大学土建学院2002级本科生，青岛安邦水动力系统研究院创始团队主要成员。安邦水动力是国内首家针对高速水动力系统——泵喷动力系统的专业研究机构，同时也是首家入驻青岛高新区中航工业赛维航电军民融合产业创新基地的企业，致力于解决由城市交通拥堵带来的城市快速消防难题和百米以上的超高层建筑消防难题。

安邦水动力徽标(LOGO)

## 1. 尘埃里开花，逆境中成长

“我的创业过程经历了许多起起落落，但从来没有想过放弃。”刘洋用这样的开场白来讲述他的传奇创业故事。

刘洋接受访问

2006年，刚刚毕业的刘洋怀着满腔热情加入了一个公司，因为公司发展不景气，在朋友的帮助下，刘洋组建了一个小公司，并凭着一腔孤勇和一颗诚心带领公司步入正轨。然而，2010 年年底，公司出现重大决策性失误，资金链完全断裂，濒临破产，三年的积累血本无归。

"当时真的是很绝望，我一个人窝在网吧里打游戏，又跑出去旅行，回家后，打算做一辈子的公务员。"他准备给员工发最后一次工资，然后解散公司，但那些老部下却告诉他："刘总，我们不要工资，只要您能回来带着我们继续干就好。"他感动不已，毅然放弃公务员考试，继续创业。

慢慢地，公司的发展状况越来越好，刘洋的心也慢慢地沉淀了下来。他想真正做一些对国家、民生有意义的事情，实现自己儿时"做一个对社会有用的人"的承诺，于是，他开始考虑二次创业。

## 2. 抛去安稳，重新创业

2006 年，张洪管大学毕业后，进入了一家建筑公司，后来，他渐渐发现这个公司并不是自己想象中的样子。于是，他选择辞职，加入了一个房地产公司，成为了公司的设计部经理。

张洪管

他带领着员工们在房地产领域做出了一些成绩，而在工作逐渐稳定下来之后，他开始思考自己还能做些什么。“人不能一辈子局限在一个小格局里面，不思进取、不求突破。”2010 年的同学聚会上，张洪管第一次听闻水动力技术，几个志同道合的朋友计划组建水动力技术研发的初始团队。

“为了这个新的项目，我退出了打拼多年的房地产业。那个时候，家人都不知道。”张洪管就这样抛弃了安稳，加入了安邦水动力团队，选择从头开始。

### 3. 聚力、创新、实干、爱国

说起创业历程，张洪管说：“水动力技术的研发其实从 2010 年就开始了，那时候有高校联合，也有课题委托、技术支持，整个团队个性互补，互相支持。我还记得给青岛市政府提交材料的时候，我们团队一直忙到凌晨4 点钟，当时政府的工作人员都特别佩服我们的执行力。因为志同道合，整个团队凝聚力特别强。”

消防摩托车

像很多创业项目一样，初期他们一边工作，一边挤时间来做研究。

“创业初期技术不成熟，投入大而产出小，有时候就连公司的正常存活都不能保证。”刘洋苦笑道。他们的项目研发成本很高，资金自筹，但他们一直坚持优化自己的技术，从未想过放弃。

正如安邦水动力“聚力、创新、实干、爱国”的企业文化一样，他们创业的初衷很单纯。“之所以做这样的一个项目，一方面是想为国防做一点贡献，希望将我们的产品应用到国防上；另一方面，消防工程是民生工程，大型的消防车很难与时间赛跑，我们的消防车就是力求解决这样的问题，真正地为社会做一点贡献。”

消防越野车模型

本着这样的一份爱国热忱，从刚开始有一个比较小的团队，到 2014 年建立企业实体，进行企业化运作，其中的艰辛不言而喻。“虽然起初实验结果不尽如人意，但是我们从未想过放弃，信心很足，因为我们知道我们的产品在理论上是可行的，只是做的时候有缺陷。现在来说，我们的水动力系统是国际领先的，所以回头看我们经历过的那些困难啊、磨难啊，都已经不再是困难了。”

安邦水动力公司一直在努力克服困难，耐得住寂寞，也禁得起赞美。

### 4. 经验与建议：创新与坚持

现在，山东大学的创新创业环境日渐成熟，许多山大学子即将或正在走上创新创业的道路上。面对意气风发的学弟学妹们，刘洋和张洪管这两位“先行者”也把自己一路走来的经验和教训分享给了大家。

刘洋(右三)、张洪管(左四)与采访团队

“第一点是抓好学习，大学是最后一个集中学习的场所，不管你是选择创业还是就业，都要努力学习，夯实基础。第二点，在选择自己的项目时，一定要进行技术创新，要有自己的核心竞争力。第三点，要有‘牛’的精神，一旦选择了这条道路就要坚持不懈，对自己负责，更要对团队负责。第四点，永远都要相信光明的前景，未来总是美好的，只要你坚持下去。”

谈及之后的发展，他们希望能和母校有更进一步的合作。“一方面，给学弟学妹们更好的锻炼机会，给他们支持，通过我们的企业文化影响他们，算是一种‘反哺’吧；另一方面，我们也希望母校能给我们更多的人才技术支持。”

# 王栋:现实主义者的创业之路

有一类人,他们天生不恣意张扬,但他们的内心却有着平和而持久的力量。他们懂得厚积薄发,也从不缺做出改变的勇气,对于认定的事情总是能坚持到底。这类"内心力量"拥有者,在让自己成为"可靠的人"的同时,也给身边的人带来了长久且温和的信任与陪伴。

王　栋

王栋，山东大学管理学院信息管理与信息系统专业2001级本科生，山东大学经济研究院金融学专业2006级硕士研究生。

学生时代，王栋是一个标准的好学生，本科期间他是班级的团支部书记，研究生期间是班长。他拿过很多荣誉，成绩在班内也数一数二。2009年硕士毕业后的王栋去了中国农业银行工作。那一年毕业后进入商业银行总行工作的，全校只有4个人，他便是其中一个。

王栋的工作能力非常强，在中国农业银行干了7年，在苏州分行实习过，也在济南市历城区农行工作过。2014～2015年，王栋在郑州做支行行长，负责管理一些网点和团队，他所负责的支行，从他接手时全市排名第三的业绩，到他离任时上升到了全市第一。

在大多数人的眼里，王栋有着一份收入不错又十分稳定的工作，为什么要辞职去创业呢？王栋说："在北京这样的大城市生活，如果我按部就班地工作，那只能满足基本的生活需求；如果想改善一下生活质量，例如给孩子买套好的学区房，我算了一下，不吃不喝要工作10年才能买得起。我不想等那么久，这算是创业的第一个原因吧。"他接着说，"当你在生活上负担比较小、又想干点自己喜欢的事情的时候，这就是创业的第二个契机。在一个大机关里，每个人都是很渺小的一部分，即使你干得再好，也只是大机器上的一个小螺丝钉，这样的工作是很难让人有成就感的。出来干点自己想干的事情，虽然可能苦一些累一些吧，但能获得一种满足感"。

2016年8月，王栋辞去了在农行的工作，跟一位同样也是山东大学毕业的校友一起创业，创建了君鼎投资管理有限公司。作为一家私募基金管理机构，公司秉承专业、共赢的价值观，为客户提供"投行＋金融－投资"综合金融服务；主要做三类业务：一是私募基金管理业务，包括并购基金、产业基金、私募股权基金等；二是上市公司及政府平台融资服务业务，包括为上市公司及其集团提供信用借款、信托、融资租赁等各类债权融资服务，为政府平台提供综合融资方案设计及融资服务；三是财

君鼎投资
TRENDING CAPITAL

公司徽标
（LOGO）

务顾问业务，包括优质资产与上市公司或投资机构的撮合交易，A股和港股IPO（首次公开募股）、新三板挂牌、并购重组、资本运作规划等咨询服务。

刚辞去工作开始创业的两个月，王栋感到了巨大的压力。“公司没赚到一分钱，而且这两个月还关乎着公司的生死存亡。”但王栋一向是一个意志坚定的人，他认定的道路就会一路走下去，不肯轻言放弃。逐渐地，公司完成第一笔业务，赚到第一笔钱，慢慢走向正轨。

团队成员

在采访时，王栋多次强调了认真做人的重要性。因为做人稳妥，做事靠谱，许多朋友都乐于帮助王栋，无论是老师同学、师兄师姐，还是以前农行的同事，都给王栋介绍过业务。公司的第一笔业务就来自于朋友的介绍，而这笔业务在当时至关重要，它打开了局面，为以后的发展奠定了基础。当初王栋在找合伙人时，有很多人觉得他既有能力、做事也踏实，所以愿意入伙。不过王栋提醒到，要有针对性地选择合伙人，根据自己的需求选择最合适的、最合得来的伙伴。同时，也因为做人做事十分靠谱，王栋的家人对他创业的事情都持支持态度。“父母虽然觉得放弃这么好的工作很可惜，但也没有过分干涉我；我媳妇也支持我。而这些信任的基础是过去几年我一直都很靠谱，他们知道我不是冲动的人，下定决心做的事都是深思熟虑过的。”

王栋认为学生时代的创业需要几个条件：一是把创业建立在自己没有后顾之忧的基础上。“创业需要你有一定的家底，如果你没有生活的‘厚度’，只有热情，那么不太可能成功。也就是说，如果你要同时照顾老婆、孩子、老人，就不要想创业了，因为你不太可能有精力和经济实力去做这样的事情。”二是遇到了特别好的时机。当全家都吃得饱，不需要自己去养家，而自己又愿意出去闯一闯，那么可以试试创业。选择的行业也要足够大。“如果这个行业1个亿就饱和了，那么拼死拼活也做不到1.1个亿。如果这个行业很大，市场还没有饱和，而你在技术上、理念上有创新，把这些资源整合在一起，事情就很可能干成。”三是在行业里能够充分发挥自己的核心优势。这点就要求在学校时要好好学习专业知识，不仅要有过硬的专业知识，还要同时拥有学习的能力，尤其是快速学习的能力。四是善于及时总结经验教训。成功的时候总结经验，失败的时候考虑还能否重新再来。五是为人处世真诚，自己信念坚定，一如既往。王栋说：“你做人的水平决定了你做事的高度。慢慢地你会发现，如果你人缘好，朋友多，那么做起事情来就会容易得多。”

对于那些选择先工作再创业的学生，王栋也给出了一些建议。“毕业的时候先去找一份自己喜欢的工作，这个工作最好还是有利于你以后创业的。这样在你工作几年、锻炼几年的基础上，再去创业，成功的概率会比较大。其实从一些机构的数据上就能看出来，一开始注册的公司有100多家，最后将近75%都倒闭了，所以创业这件事不是很容易的。虽然现在国家鼓励大众创业，但创业毕竟也是有风险的。”

王栋提醒，在学生时代一定要打好基础，专业知识要过关。无论是否对自己现在的专业感兴趣，都要先学到一定的水平和高度后，才有评价的资格。而且在找工作时，王栋也说了一些技巧：“实习的话可以多和校友们交流一下；对于不同的岗位，对学历的要求也不尽相同，要根据这些来决定是否读研。简历上要突出自己的核心竞争力；可以多投几份简历，积累面试经验，在这个过程中也逐渐了解行业的情况。”为了给将来的创业打基础，王栋觉得要全身心地去尝试每个工作。如果自己搞定了一份工作，那么相同类型的工作就没必要再去尝试了。在这个过程中，慢慢想清楚未来创业的方向。“山大毕业的学生，你们要对自己有信心。”

近年来，山东大学越来越重视对创业型人才的培养，王栋提议可以从学院层面考虑。比如让学院开展调查问卷，了解学生的真实想法和需求，然后通过反馈来的结果和有创业想法的学生一对一地聊一聊。遇到一些共性的需求，可以开一个培训班，切实帮到他们。

王栋作为一位先工作再创业的创业者，他的创业时间并不长，但他走的这条路也同样具有借鉴意义。无论是在作出辞职再创业的选择时，还是在给学弟学妹们关于创业的建议时，王栋都像一位现实主义者——做靠谱的事，说靠谱的话，一如既往，这就是王栋的风格。

# 王天琪：创业的每天都是一个故事

王天琪，山东大学软件学院数字媒体技术专业2011级本科生，大四加入开心网实习，毕业前创立九秒信息科技有限公司，主营软件开发及软件服务，前期主推“i生活”社区O2O(线上+线下)项目，后转型做软件服务，目前正在推广“洗之郎”人工智能洗衣项目。

王天琪

## 1

“我们是一支‘90后’的团队，我们有着拼搏精神，我们正在做O2O的项目，想改变三四线城市居民的生活状态。”

中关村创业一条街的路边贴着许多这样的纸条，这是投资人和创业者间的“暗号”，每个人都在寻找、估量，每一张纸条背后都可能是一个成功的创业项目，也可能是个赔钱的“无底洞”。

为了找投资，王天琪把各种方法都用上了，做路演，找人聊，包括贴纸条。顺着这张纸条，王天琪遇到了创业路上第一个“贵人”，拿到了第一笔投资。

王天琪原本没有打算一毕业就创业。大四在开心网实习时，一些创业过的前辈给他建议，先去大公司做几年，带着团队和资源出来，成功率更高。这跟王天琪原来的想法一样，毕业前，他按计划前往阿里巴巴面试，B轮面试通过，最后谈薪金时，他没去。互联网高速发展时期，直觉告诉他，机会转瞬即逝，如果不趁着年轻做点什么，拖得越久，羁绊越多。

少了在大公司几年的沉淀和积累，无疑给王天琪的创业路带来不少麻烦。九秒科技的技术团队整体写代码能力强，开发能力也不差。但随着项目的开发，王天琪慢慢发现，开发的方式不对。原先他们开发前会先做程序文档，后来发现这是个多余的步骤。类似于这种小问题在王天琪的创业路上俯拾皆是，他也感叹：“还是因为经历少，如果在大公司做三年再出来，可能就不会有这些问题。”好在这些问题并不影响大局。两年过去，从一个什么都不懂的创业者，他靠着自己摸索，“学到的东西不比在大公司的少”。

大四在开心网实习的经历为王天琪的创业做了一个铺垫。那是一段艰难的时光，早晨九点上班，加班到次日凌晨两三点是家常便饭，“基本上天天坐在电脑前敲代码，很少挪动”，半年时间，他胖了30斤。当时，王天琪所在的团队和360公司合作了一个项目，他主要负责做策划。在这个过程中，他学会了怎么跟社会打交道，怎么处理事情，最重要的是，学会了做项目的流程，包括怎么做产品原型，怎么写产品需求问答。这段经历在后来做社区O2O时派上了用场，“否则你都不知道怎么把这个东西做出来”。

九秒科技
NINE SECONDS TECHNOLOGY

公司徽标(LOGO)

毕业前，王天琪从开心网辞职，拉上在英国攻读国际贸易专业的朋友以及几个大学同学，在北京注册了公司，组成了九秒科技的初创团队。初生牛犊不怕虎，第一次创业王天琪就选择了当时很火的社区 O2O 方向，但他避开了竞争激烈、成本高昂的一二线城市，选择了尚未被开发、缺乏社区资源和管理流动能力的三四线城市。在众多城市中，王天琪最终选择回到家乡潍坊。前期，他们的团队在潍坊签了 200 多个小区，拥有了 2 万用户量。“这个数字对一个创业项目前期来说已经很好了。”他们也靠着这个项目的前期成果顺利拿到投资。

数据有了，钱也有了，这时候王天琪却懵了，下一步该做什么？“这也是学生创业的缺点，该干什么的时候你不知道。拿了融资后就不知道该怎么干，是推广还是其他？缺乏做完整项目的经验。”与大型购物超市合作在当时像是一根救命稻草，王天琪想着，“先做着总没错”。但后来证明，这个决定断送了整个项目的生命。

他原本对社区 O2O 的规划是，在解决居民社区生活各方面问题的基础上，把盈利点放在社区购物。当时，一天只有几十单，配送还不需要路程规划，一切都还正常。后来，随着项目越做越大，一天做到两三百单时，问题慢慢浮现。超市只安排了两三个配送员，根本送不过来，王天琪看着着急，便和几个股东一起开车去送；即使这样，也远远无法满足顾客的需求。送完货后，王天琪感觉这个项目黄了。三四线城市的配送体系不发达，公司目前的发展也远远无法构建自己的物流体系。最后的致命一击是，当时许多物流公司要在潍坊的小区铺设快递柜，王天琪想着，他们的下一步一定是奔着社区 O2O 去。提供便捷服务这条路也被堵死了，“当时我就知道我们这个项目死了”。

## 2

这个项目失败后，王天琪开始考虑转型做外包，主营技术开发。

九秒科技优质的外包服务和对质量的孜孜追求让王天琪在业务方面省了不少力。“小公司靠的是口碑营销，我们基本没有人在跑业务。”加上技术开发的利润高，第一年他就赚了100万，公司也慢慢走上正轨。公司网页上有一句标语——业内没有最好的技术，只有最棒的技术开发者。这种专注于服务的公司理念深深打上了王天琪的个人烙印，他自称是个“完美主义者”，会注重一些小细节。我们在九秒科技的网站上看到，当鼠标放在合作客户的公司logo（徽标）上时，会有特效移动闪现彩色logo；在业务栏中，当鼠标移动到具体项目上时，在圆形框的基础上加了特效，随后会展现细节性的业务内容。王天琪追求的就是把能做到的技术做到完美。

在做好服务的同时，王天琪也在技术外包上寻找新的创业方向。“外包可能做不了很长久，我们最终的目标还是做项目。”果不其然，在为一家上市企业做技术支持时，这家公司的老板给了王天琪一个新想法：把洗衣机和移动支付相结合。

这位年过50岁却依旧精力满满的老板打动了王天琪。“50多岁了，整天晚上不睡觉，就知道工作，出去演讲都能把自己感动到哭。”这位老板给了王天琪一组数据：一台洗衣机2000块。一天假设洗5次衣服，每次3元，一年洗200天，那就是3000元，再除去维修安装费，成本就已经收回来了，这是很强大的盈利能力。也就是说，只要把洗衣机铺到学校里，就能开始盈利。不仅如此，合作方好几百家的线下店也是王天琪所看中的资源，他想到未来做应用软件推广时，可以通过线下店推广。假设每家店一天推广到2个人，200家就是400个用户，100天就是4万个用户，“有这4万个用户，我就可以谈融资了”。

目前，除了手头在做的“洗之郎”项目，王天琪还看中了母婴市场。创业两年，经历过失败，也曾在低谷中挣扎，重新出发，他已不再是初出茅庐的毛头小子了。对未来的规划，王天琪有更清晰的认识。他坦言，向上发展是公司正确的发展方向，未来公司会慢慢往一线城市靠拢，对公司而言，北上广有更多的人才，更多的机会。

## 3

王天琪开始创业那会儿，资本对互联网"出手阔绰"，只要有一个好的团队，好的项目计划书，动辄几千万的融资都不是问题。可是现在，随着互联网市场泡沫越来越大，投资人栽的跟头多了，投资也越来越谨慎。王天琪坦言，刚毕业的创业团队拿到融资的机会很少，除非数据做得很好或者用户量很大。因此，有两点是创业前必须考虑的。第一，这个项目能不能马上赚到钱，如果不能，不建议去做；第二，失败了是否能养活自己，如果不能，那就是不负责任。如果满足这两点，王天琪觉得，可以考虑创业。

大学就像一座"象牙塔"，它为我们挡住了社会上浮躁的风气和金钱利益的诱惑，但与此同时，也让我们少了很多历练的机会。"无论创业还是就业，刚进入社会的我们总会有个适应过程。"

天使投资人看重的不是初创团队的项目，而是其"掌门人"。互联网项目的不确定因素太多，即使现在做得很好，也不代表会获得持久发展。但是无论什么项目，放在思维能力强、综合素质高的人手中，成功率都不会太低。

那些刚进入社会的年轻人，总想着用语言和外在形象包装自己，展现更完美的一面，这就是王天琪口中的"太单纯"。"和身经百战的天使投资人打交道，你一张嘴，他就知道你有几斤几两重。"即使是王天琪这种"很能聊"的人也会"吃瘪"。"我觉得他们懂太多了，对一个本科生来说，不足太多了。"第一次谈投资时，他抱着想法和理想，雄赳赳气昂昂，谈到具体操作过程时，却一问三不知，连对方问题里的专业术语是什么都不懂，只能硬着头皮一个个问。

王天琪建议有创业意向的在校大学生多给自己制造实践的机会。就像做社会实践一样，以学生兼职者的身份跟着创业团队，或是加入创业学院的项目，看前辈们会遇到哪些困难，又是如何去解决的。一个创业者，要求各方面都要懂一些。拿程序员来说，最开始应该先把面铺广，当各方面都了解一点后，再追求某一方面的"精"。只有当你什么都懂一点的时候，才放心交给别人去做，而不用担心人家"忽悠"你。在创业这条路上，一个公司想要真正发展，最终还是要靠自己根据实际情况做决策，不能太依赖别人。

公司一角

坚持，几乎是每个成功的创业者都一而再再而三强调的品质，却很少有人告诉你，坚持的下一步是什么，坚持下来能做什么。王天琪给出的答案是：只有在过程中自我学习、自我成长，才能为坚持多开辟一条新路。

即使是现在小有成就的王天琪，开会前一晚也会考虑："明天开会是坐着还是站着？"更何况你我。一点点试错，一步步学习，才能走向康庄大道。

# 王相伟：请回答 2008

2012 年，北京，一个人，借来的 440 块钱。
不觉得穷途末路，对王相伟来说，这反而是起航。

王相伟

### 1. 未来已来，源于兴趣，发于热爱，忠于坚守

“想象一下，未来，你想要一部个性化的手机，应用软件下单，富士康机器人生产线进行定制化生产，京东物流无人机送货到楼下。想象一下，未来疲劳驾驶时开启无人驾驶模式。想象一下，未来，口渴时有机械手倒水；累了有机器人精准按摩；座椅居然可以记忆检测我们的身体状况，机器人居然可以模仿我们的行为……未来已来，芯合同我们一道，共同加速智能制造，加速这一天更快地到来，为我们生产生活提供方便。”王相伟说道。

王相伟，山东大学 2008 级校友，芯合科技的创始人兼 CEO（首席执行官）。2008 年以来进入机器人行业，带领团队在焊接、喷涂、打磨等领域拼搏，同时致力于研发自主的机器人智能驱动控制系统，致力于为智动领域做出贡献。

大二那年，王相伟在学校的工程训练中心学习，在参加电子设计大赛中他第一次接触了机器人。

“当时看到一位学长正拿着一个机器人，那个机器人不停地做着各种舞蹈动作，我觉得这太奇妙了。这份新鲜感吸引着我进入了机器人这个领域。”回忆起与机器人的“初遇”，王相伟感慨，这既是机缘巧合，也是兴趣使然。

王相伟对机器人的热爱，仿佛是烙印在身体内的基因。因为机器人，王相伟发觉自己 20 多年习得的知识有了用武之地，茅塞顿开的他决定全身心投入到机器人的研发中来。学以致用，是学习的高境界，而机器人，正是他学与用的结合体。“晓窗分与读书灯”，在往后的岁月里，随着研发的进一步深入，王相伟依然在不停地学习。

公司徽标（LOGO）

“创业，一定要找到应用点与自己的兴趣点，经过慎重的考量再选择决定。”创业是一场曲折的征途，最初的队友不一定会陪你走到最后，沿路的风景也未必是鲜花盛放，“路漫漫其修远兮”，需要创始人一颗强大的心脏去坚守。

2009年，王相伟参加了一个机器人小组，这也正是他接触最初的机器人团队的雏形。小组里的成员们因兴趣而聚在一起，却也因就业、考研等前途问题而各奔东西。但王相伟并没有放弃，2012年去北京后，他慢慢组了新的团队，从三四人，逐渐发展到七八人，团队不断壮大，越来越成熟。时光飞逝，无论团队经过了怎样的“洗牌”，王相伟始终坚定初心，不离不弃，而且越来越有经验。

## 2. 十年饮冰，难凉热血

孩儿立志出乡关，学不成名誓不还。

“初到北京没有彷徨，也没有迷茫。”他说，“当时有目标，有方向，提前做好了规划，该去找谁，怎么做，我都清楚。我们要明白梦想与现实的区别，为了梦想活不下去的时候，要选择生存”。企业也是这样的道理，要先生存，有竞争力地活着，再一步步实现自己的规划。就像马拉松比赛，自己的企业不仅要有一定的实力，同时需要耐力，在这条赛道上，其他企业坚持不下去，无法生存而倒闭，最后剩下的就是自己。王相伟团队的目标就是寻找机器人领域合适的精英，奔着这个目标，一步一步走，不断扩充队伍实力。

“只要处于业务量增长阶段，就代表管理良好，因为管理的结果是为增长负责的，初创阶段容许管理漏洞。”团队从0到1的构建，前进的过程中带有曲折。王相伟说：“虽然是0到1的过程，但也有不同阶段，就会有不同的特点。曾经有一个阶段，队员之间出现了不和谐的情况。举个例子吧，为了在市场上摸清楚方向，就需要有业务方面的配合，但这却不被技术合伙人所理解。也就是说，在这个奔跑的过程中出现了‘管理漏洞’，这就是所说的前进中曲折的表现。”

“在创业途中，不仅需要做好调研、定方向，搭建、带领好队伍，还得有‘粮草’，途中不仅要小步快跑，更得跑得久。我们这个行业前期的研发是一个熬时间、烧钱的事情，一开始就得多下些功夫做些调研。现在的创业环境比前些年好多了，也是难得的历史机遇，利好的环境更有利于调研、队伍搭建以及'粮草'的准备。"当下的环境，更需要一颗强大的心脏。伙伴的中途离开，虽然痛过，却并没有让王相伟的心冷凝。他相信，创始人是团队的核心与灵魂，哪怕身边的战士都倒下了，自己也要站着。活着就有希望，有信念就有出路。"当你把这个事情做起来之后，那些你曾经失去过的人就会理解，梦想和信念才是支撑自己走下去的根本，总有一天世界会看到我。"

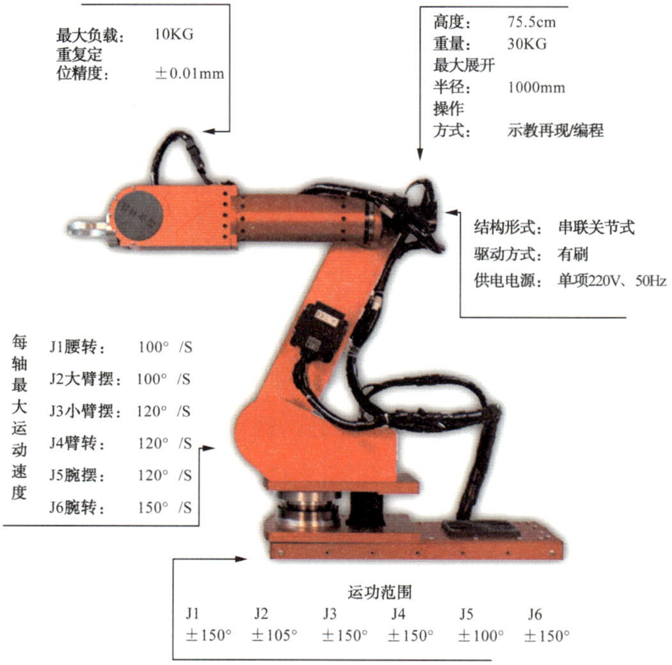


公司产品

创业之路，有困难，也有诱惑。有一次，一家公司想收购芯合科技的全部股权。团队中有人动摇了，但作为创始人的王相伟不愿丢掉初心，于是毅然拒绝。在他眼中，创业者是最勇敢的。最开始与客户谈投资的过程，就是博弈的过程。当对方质疑自己的产品时，就要耐住性子，慢慢讲出自己产品的优势，让对方相信自己的产品，相信自己的服务，逐渐赢得客户。

从最初不顾家人反对出来创业，到如今走出独属于自己的一条路，王相伟始终拥有同样的初心——不变的坚持，宏大的愿景与闪耀的梦想。

## 3. 一直在路上

杰克·凯鲁亚克在《在路上》一书中写道："我一辈子都喜欢跟着让我感觉有兴趣的人，因为在我心目中，他们热爱生活、爱聊天，不露锋芒地希望拥有一切，他们从不疲倦，从不讲那些平凡的东西。"

团队成员合影

王相伟和他的团队，也一直在路上。

"能聚在一起，大家的信念必然是相同的。"在讲到如何寻找同道中人时，王相伟说，"大家一起聊天，聊到心潮澎湃了，我说什么，你赞同什么，你说什么，我相信什么，对未来可能发生的一切是认可的，大家的愿景是相同的，理念是相同的，做事的风格是相同的，这就一拍即合了"。

其次是彼此间能互补，性格上要互补，能力上也要互补。比如最初，团队里只有几个做技术的人，后来有了产品需要面向市场，就需要负责市场营销的人员，再后来又需要管理层人员。团队不断注入新的血液，一直在路上。

除了理念相同与能力互补，团队成员之间的信任也格外重要。彼此的信任让团队能抵挡住诱惑，战胜困难，互相支持不动摇，一路走下去。

“有的时候你的选择比努力更重要，因为你选择的是一个未来。”王相伟说，“把你的选择坚持下去，哪怕是8年、10年没有任何成就，也要坚持下去。因为总有一天，时机会到来，世界会照亮你，所以你要走一条不平凡的路，现在我们叫创业路”。

在创业这条路上，王相伟一直在选择，也一直在坚持。在工作之余，他会把自己的时间充分利用起来，叫上团队的其他成员一起，在地下室，在学校，在仓库，他们都踏踏实实地做了许多产品。虽然很累，但更多的是做出新产品后的兴奋感和满足感。而在这一过程中，他们也了解到了很多新事物，正如山大校训所言——学无止境，气有浩然。学习，每个人都一直在路上。

## 4. 看小树成林

王相伟把创业比作种树。从开始仔细选择种子，选择土壤，填埋种子，然后悉心照顾，浇水，施肥，皆需要付出真心，直到种子慢慢发芽，长成小树苗，再成为大树，最后连成一片森林。对待事业，需要像对待小树那般耐心，说不定哪一天，就会带来惊喜。同时，创始人的眼光很重要，决定了未来公司能走到哪、走多远，决定了一棵棵小树能否成长为一片森林。

2016年对王相伟来说，是一个转折点——他抛弃技术，全职做管理，在各种挑战下，统筹全局。谈到自己的转变，他说道：“找到自己的管理方式很重要，把工作当成事业，这是我们芯合科技的凝聚力。今明年实现小批量化，三年内实现细分领域品牌化，未来走向多元化、垂直化。”

“办法总比问题多。”这是王相伟常说的话，他也想把这句话送给有创业想法的学弟学妹们。“既要有自己的信念愿景，也要把利益关系处理好，多咨询专业律师，把各方面考虑到位。”除此之外，他还认为，创业之路需要创新，乃至创造。脚踏实地做出好东西，价值才能被社会认可，被行业认同。

在王相伟创业的过程中，学校的支持和老师的指导都给了他莫大的帮助。如今他正在母校山东大学准备一个产品实习研发基地，力所能及地给有想法的同学一些帮助，同时也回报母校，感恩老师。如果日后有机会，王相伟表示十分乐意回到母校，给学弟学妹们分享自己的创业经验，同时也希望，有更多像他一样走出去的人，能回到母校给创新创业的同学们带来帮助。

对王相伟来说，创业是一个非常快乐的过程。虽然有艰难险阻，但也正是这些经历，让他的心愈发坚强，信念愈发坚固。“我们要把创业看作一种非常好的活着的方式，每天充满正能量。这些困难也好，挫败也好，惊喜也好，都使我们的生活更加丰富。”但他同样提醒想要创业的同学们，务必慎重选择，一旦决定就要坚持不懈，快乐地走下去。

采访王相伟（右三）

近几年好评如潮的电视剧《请回答 19××》系列，让无数人看完后心怀感动。而对于王相伟来说，他的创业之路从 2008 年开始，应该值得被记录为《请回答 2008》。从 2008 年那个初见机器人的大学生，到如今独当一面的芯合科技 CEO，他有过别人看来身上只余 400 多元钱的窘境，却依然能云淡风轻，不急不躁，一步一个脚印地完成心中的蓝图；他有过一直陪伴的朋友离开的经历，但心中的火依然不熄，只要他在，芯合科技就在；他有过团队最初只有技术人员的艰辛，而现在他勇于挑战，自己做管理工作，把公司带到更远、更广阔的未来。

创业是一场征战，上路的人都是战士，王相伟不允许自己倒下，他会怀着坚定的信念，逐渐实现自己宏大的愿景。回望2008，大二时的王相伟在训练中心见到机器人的第一眼，就是注定的缘分，也是不变的初心；回答2008，是岁月的自问自答，时间把人引领到了更美好的远方，他会继续前行。

# 王执祥：不饥饿的创业者

初次见面，他和想象中一样不苟言笑，说话时条理清晰，逻辑严谨。当我们走进一众山水画奇石环绕的办公室，和一身简单休闲装扮的王执祥开始对话时，这位谈笑风生的老学长又给了我们对“创业”这个名词新的理解。成功与否在他的意识中从来不是重要的，最要紧的是顺其自然，按照自感舒适的方式前行。

王执祥

王执祥，山东大学计算机专业2004级本科生。2008年毕业后，经过短暂几年的历练，他于2013年在济南创办了自己的公司——山东微笑集成科技有限公司，主要业务是电力与交通行业系统集成、软件开发、网络安全及弱电施工。

王执祥的办公室里挂满了山水画。

“我其实不太懂这些山水画。”王执祥坦言。“就是觉得大家都买，我也就买了，图个新鲜。”但在工作上，他并不像自己所说的那么随意。他从不在一哄而上的地方寻找商机，也决不向不适合自己公司发展的“诱惑”妥协。在实业上，王执祥也有自己的一套“丛林法则”。

“虽然之前没有学过管理，但是我明白一个道理：无为而治。有些东西，遵循一种自然的状态，就像太阳升起落下，自主管理反而会更好一些。”

## 1. 小试牛刀，初露头角

虽然没有在毕业后就紧跟创业的大潮，但“创业”这个念头的萌生要始于王执祥的大学时光。那时的大学常被称作“象牙塔”，从高中走出来的学生没有了高考的压力，浮躁时常漂浮在校园的空气里。为了防止学生不思学业，学校规定大一新生不能携带电脑入校。没了电脑，交流不便，这成了学生中间普遍存在的一个难题。

或许是创业者天生的敏感性，王执祥瞅准了其间隐藏的商机，风风火火地做起了批发电话卡的小生意。仗着自己的勤快和机灵，王执祥第一次通过自己的努力赚取了生活费，这也激发了他独立创业的念头。在随后的日子里，他也做过一些小生意，虽然未成规模，但足以补贴家用。身处软件园的前黄金时代，王执祥在配套环境极其简陋的条件下摸索出了一条独特的商业之路。

不打无准备之仗，始终是王执祥信奉的信条。从着手创办项目开始，王执祥就受制于自己毫无销售技能和经验的软肋，拉赞助成了一个大难题。学会推销自己是创业成功的前提，彼时陷入困境的王执祥，想起了推销见长的保险公司。抱着打入“敌人”内部，提高销售能力，为未来的创业做好准备的念头，他应聘成了保险公司的一分子，并主动请缨，从办公室调到了“前线”。有理想的支撑，创业人永远不知道什么叫作疲倦，信念本身便是最好的“兴奋剂”。在保险公司期间，王执祥求知若渴地学习原先所缺乏的营销知识、实战经验，对公司的整体架构也有了初步的掌握。

用他的话来说，最重要的是“让自己不再胆怯”。成立自己的公司之后，王执祥就独当一面地撑起了公司的销售工作。这一经历让他明白，有时不能将能力的不足看作坏事，它或许就是激励自己不断前行、丰富自己的最大动力。

## 2. 坚守本心，如履薄冰

招募人才是王执祥创业过程中的重中之重。在这一方面，王执祥用尽了心思，做好了前期规划和后期安排。现如今，微笑信息公司总人数有 30 余人，可以说每个人都是王执祥经过斟酌考量后才被录用的。他告诉我们，在有一定专业基础的情况下，学历高低是次要的，他最看重的，还是工作经历、工作能力。不可否认，能力在任何时刻都是一块金字招牌。王执祥坦言，经验欠缺的员工对开发语言和业务的理解有限，短时间内无法切中要害，最终写出来的程序存在很多的漏洞。由于编程工作的特性，许多漏洞可能一开始显现不出来，但是在后续的过程中，返工成本居高不下可能会造成非常大的问题。“这会让客户质疑我们的业务能力，甚至技术能力，会对合作前景产生影响。”王执祥不无感叹地说道。尽管在挑选人员方面不得不苛刻，王执祥也有意识地吸引了一批“90 后”乃至“95 后”，这不仅是出于学习新思维方式的考量，“同时也是把整个人员结构做一个调整”。

公司徽标（LOGO）

“做事不能昧着自己的良心。”王执祥始终在强调这样一句话。“对别人没有益处的事情就不去干。”王执祥的第一个项目在济南。虽然他想过将创业的“第一枪”在北京打响，但奈何北京“水太深”，成长虽快但房价高得离谱，而自己的根又深扎在山东的“沃土”里，因此王执祥决定在济南开始自己的初次尝试。尽管处世不易，他却坦言，极少遇到碰壁的项目。“只去做我们干得了的项目，是始终不变的原则。从技术的角度来看，我们不会遇见一个有障碍的项目。接了却干不了，这本身就是一种折磨。”

### 3. 乘风破浪，勇于尝试

王执祥在实践中也的确是这么做的，然而困难从来都是不请自来的。正常运营之后，公司自然而然地吸纳了一定数量的员工，但随着员工规模的扩大，工资压力也就接踵而至。按月发放工资是必要之事，但项目周期之间的空档让王执祥有些为难。一次，他的公司承包了一个与乡镇社区相对接的项目，因为沟通不力，乙方的“太极拳”打得也甚是老到，项目完工之后对方迟迟不肯验收，四五十万的工钱就这么拖欠了下来。当时的四五十万对王执祥的公司来说绝对不是一笔小数目，甚至可以支撑其一年的费用。经历过这样的骗局，王执祥备受打击，同事们的情绪也十分低落。几经周折，员工的工资窟窿才好不容易堵上，然而王执祥的合伙人却在拼搏中失去了方向。经过商讨，合伙人离开了团队，而王执祥“继续坚持，继续奋斗”。谈及坚持下来的原因，他笑了笑：“既然选择了这条道路，就不应该半途而废，自尊心也不允许我轻易地向现实妥协。”“慢慢地我会觉得，这个公司不会只是这个样子，它应该会变得更好。”

在多年的积累之中，王执祥总结出了一套电商行业的规律：如果缺乏对这一行业的理解，那么平台建设也会受到约束，甚至难以维持。所谓内行看门道，外行看热闹，王执祥目前手下的几个电商平台可以说是相当成熟了，与传统行业的合作是王执祥公司目前的主要业务重点。因为他相信，将传统与电商融合，往往会擦出新的火花。

### 4. 沉淀过去，笑对未来

谈及母校，王执祥的怀念和自豪之情溢于言表。他告诉我们，老师和校友们的援手是支撑自己走下去的助力。对于同校的后辈，他也寄予了殷殷期盼。“大众创业，万众创新。创业创新是一种精神，一种打破原有的制度，提供新方法、新思路，不屈不挠的精神。这种精神应该贯穿到人生的角角落落。只有这样，我们民族才能有前进的动力，我们整个人生才能有不断努力和前进的信念。”“创业的路上充满艰辛，甚至是布满陷阱，但是宝剑锋从磨砺出，创业的人要做好心理准备，也一定要武装好自己。只有如此，才能在前进的路上不受胁迫，才能更好地奔向自己的目标，并逐步到达不甘于寂寞、不甘于平凡的更高境界。”

谈及具体的创业，王执祥善意地提醒我们，必须做好风险防范准备，不要盲目跟风，亦不可人云亦云，主观臆断是最不可取的。做好了准备之后，创业未尝不可一试。“我的建议就是一开始不要创业，要先工作，了解了这个行业大体的发展趋势之后，再创业也未尝不可。这时候你至少已经掌握了一定的技术，即使创业失败也能养活自己。”

没有咄咄逼人的气势，也没有显山露水的锋芒，王执祥就这样将他的创业之路娓娓道来。也许成功就属于这样内敛而不饥饿的灵魂。前方还有很多未知等待王执祥去开启，该以怎样的姿态迎接无尽的可能，相信他心中已经有了答案。

# 张江波：出走的平凡人生

人生很长，我们总是很容易将日子过得苍白，但总是会有一些时刻，会让人心里燃起某种冲动，很想将真真实实、可以触碰到的有生之年都掌握在自己的手心里。

拒绝“乌托邦”和追求它一样需要勇气，而有时候越大的自由意味着越大的责任。

所以我们常说，没有无聊的人生，只有无聊的人生态度。

张江波

问："学长，能不能向我们介绍一下您在大学时期的经历？"

答："我在大学期间就是正常学习，没什么特别的。"

问："在大学期间有没有让学长特别难忘的事情呢？"

答："基本没有，因为我属于内向型的性格。"

问："学长在大学的成绩怎么样？"

答："我的成绩大概是中等偏上，就是伸手能够得着奖学金的程度。"

问："那您当时参加过什么学生组织或者社会实践吗？"

答："没有。"

以上是我们和张江波学长访谈的开篇。

一开始的采访得到的答案"平庸"得让人怀疑。

这真的是一个创业者吗？看起来就像是走在校园里普通的你我他一样。很难想象之后的他会在创业的浪潮中脱颖而出。

在后面的访谈中，张江波，这个在创业浪潮中脱颖而出的"普通人"的不平凡，才慢慢地展露了出来。

张江波，山东大学控制学院测控技术与仪器专业 2001 级本科生。他所创立的北京云地恒通科技有限公司目前一共有 16 位核心成员，其中在北京的有 7 位，深圳有 3 位，香港有 6 位。公司主要是做贸易，去年一年的营业额为 1000 万元人民币左右。

张江波的贸易公司，具体来说是做芯片的分销。选择芯片贸易，是因为到目前为止，大部分芯片需要从美国和欧洲进口。从国外进口到国内，通常情况下需要分发到各地大的经销商手下，张江波的公司便在这个经销系统内。通常，一个电路板上可能用到几百个不同厂家不同型号的芯片。张江波的贸易公司所做的，就是给客户供应所需要的芯片并且配齐电路板。

这属于传统贸易体系中的一个分支，目前公司主要还是偏实体化经营。也就是说，公司采用的是传统模式。但是在互联网的大环境下，张江波也顺应时代的发展与需要，开起了淘宝网店，做起了电商。

在公司，张江波担任的是规划的角色，这主要包括两个方面的内容：其一是技术支持，比如向客户说明某种芯片的功能，怎样解决某一方面的问题等。其二是开发一些新的项目。公司发展到一定阶段，若继续按照原来的模式往前走是很难的；这时候往往需要去开拓一个新的增长点，而张江波就负责规划这个新的项目。

显而易见，张江波在整个创业团队里的角色是非常重要的，是绝对的核心人物。这与他一开始表现出来的“平凡”不太一样，于是我们追问了他创业的经过。

大学毕业，张江波进了一家国企——中国远洋下属的一家子公司，主要是负责海运维修。但工作两年之后，他觉得失去了激情。

“国企里面可能大都存在内耗、效率低等问题，时间久了觉得挺没意思的。”张江波回忆道。于是他就想“走出来”，不久就毅然辞职了。

现在回过头来看，这次“出走”的背后，一方面是年轻冲动，另一方面，张江波潜意识里也相信，只要努力的话，到哪儿都能吃上一口饭。“活着就够了。”

离开国企之后，从2007～2009年，张江波基本处于“寻觅”工作的状态中。到2011年，张江波才正式创业。

在被问及是什么因素促使创业时，张江波回答道：“还是自己的不安分使然。”他总觉得生活中得有点不一样的东西，不能一直机械地做一些重复性的工作。

刚开始的时候，最大的困难是没有客户。成本则来自人员工资、房租、水电费等日常开支。“当发现每天的钱都在变少的时候，是很有压力的。”经过了一年的瓶颈期，张江波大概赔了20万元。值得庆幸的是，这一年里积累了一部分客户，公司慢慢开始有了起色，也慢慢开始盈利了。

对于公司未来的发展，张江波也有一个清晰的规划——与电商结合起来。但是电商要求投入较大，所以寻找投资人是一条捷径。而投资人看重的不仅仅是这个行业的盈利如何，而是说一轮或两轮投资之后，会不会有别的投资加入进来，最后手中的“蛋糕”可以做到多大。

除了获得投资之外，张江波的团队更想力所能及地多做一些。

这些力所能及的事情包括现在正在做的两个平台，一个是模块化的电商平台，另外一个是共享平台。张江波认为，传统贸易方式如果不紧跟时代潮流，那么惨遭淘汰是必然的，只是时间早晚的问题。而存活的关键，就看公司在被淘汰之前能不能作出改变。

对于哪些人适合创业，张江波列举了三类：第一类是“疯子”，第二类是有一定的社交能力的人，第三类就是不管遇到什么困难都能坚持下来的人。

张江波觉得自己是第三类人，这从他选择从国企“毅然出走”就能感受得到。之所以能坚持下来，是“潜意识里对未来充满了希望”，所以咬咬牙就挺了过来。“生活中的很多事，往往都是如此。”

张江波的创业之路，就像出走的娜拉所经历的，是一条不平凡的平凡人之路。他的“热血出走”的背后，是一条荆棘丛生却也阳光普照的路。

# 周正炯：光阴的故事

曾经有人说，26个字母写出了光阴的故事。人生的每个阶段都能以某一个字母开头的单词概括，26个单词就可以讲出人生的故事。

周正炯

## 1. Try——尝试

周正炯，山东大学管理学院工商管理专业2004级本科生。

四年的本科，走过三个学校。

周正炯无疑是一个愿意尝试、乐于享受不同经历的人。大二时，他申请去中山大学做交换生。“我对财务会计、经济学很感兴趣，在中大，我第一次知道了‘四大’会计师事务所，当时就觉得‘四大’很好，毕业后想去那里工作。”

从中山大学交流回来后，周正炯一方面在学校网管会工作，另一方面开始了解“投资”这一领域。对于周正炯来说，投资既考验个人的判断力，又考验个人的专业知识，这种既有挑战性又能给人以运筹帷幄之感的事情深深吸引着他。“我特别喜欢研究股票，特别喜欢投资，当时正好有一门课叫‘证券投资学’，我一直学得很用心。”那时周正炯就有想过，把投资当作终生的事业来干。

大三下学期，周正炯又去了韩国的高丽大学交流。在那里，他的成绩基本都是A或者$A^+$。回国之后，周正炯既想工作，又想考上海财经大学的研究生。“我当时去面试了毕马威，后来拿到邀请函了，所以想着先积累一些实践经验，就没去考研。”

会计师出身的周正炯，在毕马威做审计，期间他考了注册会计师，但他仍然特别想做投资。“‘四大’作为一个起点、一个基点，应该说还不错。但在毕马威做审计师，主要负责审议程序、做财务报表、出具初审报告，这是比较基础的东西，工作久了会觉得比较枯燥。”不久，周正炯去了招商证券。

在招商证券周正炯做投资顾问，实际上就是开发客户、服务客户。但这终究是卖方的投资，而周正炯真正想干的是买方的投资。再难的事都抵不过人的决心，想做的事永远给人最大的动力。周正炯最终选择背井离乡，离开青岛，去了北京的九鼎投资。

“九鼎投资是一个比较大的私募股权投资企业，当时类似的机构都有学历的要求,而它算是不拘一格用人才吧,给了我们这批人很好的机会。”周正炯开始在九鼎投资做投后管理,代表股东履行出资人的股东职责,主要任务是帮助企业上市,并购别人或者被别人并购,帮助公司优化商业模式,对接资源,也就是所谓的资本运作。九鼎的平台比较大,周正炯学到了很多东西,成长了很多。后来一个偶然的机会,周正炯认识了一位山东老乡,此人也从事投资业务,希望在投资领域有所作为,两人深谈了几次。周正炯觉得两人价值观比较匹配,能力互补,考虑后决定舍弃九鼎大平台的机会,和这位合伙人一起干一番事业。

他的创业之门也由此开启。

## 2. Now——现状

周正炯目前是北京惟鼎大千投资管理集团的合伙人,公司目前有40多人,分为投资、产业、保险三大业务。合伙人之间有所分工,目前周正炯的主要精力放在投资业务上面。

公司徽标(LOGO)

“安富宝是我们的互联网业务，现在可能有十几万用户吧，业务量还没有很大。互联网有自己的特点，前期要先有用户，然后再慢慢地去转化为交易。今年我们想把这个公司拿出来融资，前段时间我们做了一些股权激励和众筹。我们先给核心团队分了一块股份，接下来再拿出来做一部分融资。产业板块刚刚开始布局，还处在很早期的阶段，我把主要精力放在投资这块业务上。”周正炯道，“投资这块业务在整个市场上是比较难干的。目前这一块我们主要有两大方向，一个是股权类的，如上市公司并购基金，另外一个就是二级市场业务”。

对于公司未来的发展，周正炯很有信心：“只要坚持把投资做好，不忘初心，我觉得能够做得比较久、比较大。”虽然有很多不确定因素，但只要“好好干，坚持投资的本质，持续地有比较好的收益，汇聚一些真正热爱投资的人一起做事，未来的路会越走越宽的”。

### 3. Investment——投资

从本科时就对投资有着浓厚兴趣的周正炯，也谈了自己对投资的看法。

“投资归根到底是成长性，什么是成长性呢？就是你投资的这个企业，它的收入、利润、规模会增长，并且最好是内生增长，有一定现金流来支持。而投资的根本逻辑就是你要找到一个有成长性的公司，然后找一个合适的时机切入进去，去分享这个成长性，这就是投资最核心的原理。一个公司的价值等于它现在的盈利能力，再乘以它的估值水平，估值的提升是有限度的，而盈利能力的提升空间是比较大的，所以赚的基本上都是它增长的部分，这是投资最根本的问题。”他接着讲道，“如何判断公司的成长性呢？就要看市场空间大不大，有没有天花板，行业地位怎么样，优势如何，还要关注它的商业模式以及它的财务状况和业务状况。除此之外还有一个重要的维度——它的管理团队。驱动一个企业向前发展的最根本的力量，还是这里的人干得怎么样。团队中最核心的几个人，他们有着什么样的格局、水平、价值观，决定了企业能够走多久、走多远”。

### 4. Advice——建议

周正炯认为大学生出来创业还是很难的，关键还是看机会。理工科的学生掌握技术，更容易有创业的机会。“我觉得创业是件好事，但是还是要适合自己。如果你觉得自己具备资源和能力，又把握住了机遇，我觉得可以试一下。但是不要为了创业而创业，对整个行业的认知尚不全面就想着如何如何，就是浮躁的表现，还是要沉淀一下，再去创业会比较好。”

他同时也认为，自己的工作学习经历，对创业也有很大影响。

“每个人走的路径都有连贯性，每一步都会对未来产生显著影响。比如说我读山大时就对财务这块比较感兴趣，后来就去了毕马威，这份工作对我的帮助特别大，以后走到哪里，职业素养还是有的，工作起来还是比较认真的。再比如说在招商证券工作的经历，让我对金融市场有了一个比较全面的了解，在营业部的时候，我能从部门的角度去看待整个市场，了解自身处在一个什么样的生态环境当中。我觉得每一件事都有收获，都对未来发展有一定影响。”

而在九鼎投资的工作，对周正炯有着更为重要的意义。“我觉得在九鼎这几年确实是在整体的体系上成长起来的。我对企业家的判断，对企业的判断，对投资的认识，对投行业务的理解，对财务深层次的把握，对整个资本市场以及对社会运行规律的理解，都有一个较大的提升。所以在九鼎的工作是我成长最快、收获最大的一个点。我经历了九鼎从高峰到低谷、又从低谷到高峰的这么一个过程，跟我们九鼎的合伙人一起去感受这个过程，是非常非常难得的经历——你见证了一个时代的缩影，而且和一些绝顶聪明的人在一起学到了很多。”

## 5. Stress——压力

“我觉得每天都会有困难。”没有任何事情是可以简单地一蹴而就的，每一件事都要踏踏实实去做，每一个问题都要认真思考清楚。“比如项目募资就很难，如果募资失败，项目就干不成了。实在干不成，那就往前看，去做下一个。我觉得不管遇到什么困难，都应该以最理性的方式去面对，用坚忍不拔的态度去做。”

人无远虑，必有近忧。周正炯提醒道，在问题比较小的时候就要解决掉，不要等到最后难以解决再想办法。

伴随着困难的，往往还有压力。“如果你只是一个小员工，那么你辞职与否对公司的影响不大。但如果你是一个开船的人，或者开船的几个核心人物之一时，你就不能不负责任，有困难就要依靠你去解决掉。”周正炯在压力来临时，首先会冷静下来，好好想想这件事，然后会选择和人交流，推动问题的解决。“人活着不可能没有压力，我看待这些都很淡定，有什么问题就去解决，把每天的事干好，没必要时时刻刻想着压力，给自己徒增烦恼。”

冷静看待问题，理智解决事情，这就是周正炯长期以来保持良好心态的方法。

## 6. Props——后盾

爱的力量让人走得更远，坚强的后盾使人有勇气去闯去拼搏。

周正炯和妻子相识于山大。准备考研时，周正炯希望去上海财经大学，他的妻子就考了华东师范大学。后来周正炯在青岛工作，妻子也回到青岛考公务员。当周正炯想去北京试一试时，妻子依然选择支持。“趁年轻出去走一走，追求人生的梦想，不管对错，走走试试呗，这样也就没什么遗憾了。”

周正炯一家

大起大落的故事固然精彩，平平淡淡、一步一个脚印踏实走来的人生，也有别样的魅力。岁月如歌，缓缓淌过心河，属于周正炯的 26 个字母还没有结束，光阴的故事依然在继续……

# 丛雷：创业是时间沉淀的产物

时间对于每个人来说都是不一样的，在过去的每一秒、每一分、每一小时，它总会帮助人们过滤掉一些东西，沉淀下一些东西，而这些沉淀物很大一部分取决于你身上的特质，取决于你是否想真正让它溜走。就像丛雷，也许在初入职场时他便认定了创业这条路，所以一路走下来也是在为创业打基础。对于梦想，对于创业，丛雷始终存有一份"契约"精神，即便这份契约仅是对自己而言。

丛雷，山东大学控制科学与工程学院自动化专业2002级本科生，目前他的"契约锁"团队有50人，年营业额刚刚突破1000万。

丛 雷

## 1. 意料之外，情理之中

2002年，丛雷考入山东大学，当时的他担任过校学生会文体部长，院学生会秘书长，也因此有了更多机会与同学沟通交流，沟通协调能力也从那时开始有了提高。此外，丛雷在山大还积极参与了创业项目并获得了二等奖，从那时起，他便清楚自己想要做什么，需要怎么做，如何做才能改变现状，才能获得成长。

丛雷的第一份工作是在一家世界500强的外企。在国内市场环境还不成熟的时候，外企高大上的形象、规范的运作、合理的薪酬、体面的办公环境，吸引着很多大学毕业生前去应聘。在工作中，丛雷接触到了包括销售、采购、财务在内的一系列规范管理体系，也深度学习了时间管理、KPI（关键绩效指标考核）管理、谈判技巧等内部课程。这些内容都是课本之外的知识，也为丛雷日后的工作提供了帮助。几年之中，丛雷在运营、采购、销售的不同职位上得到了锻炼，并确定了自己的职业发展方向——销售。此后第二和第三份工作，丛雷分别服务于两家国内上市公司，担任海外销售总监。这段经历是他成长的催化剂，那时候他需要世界各地到处跑，沟通解决销售中的各种问题；也从那时候开始，他越来越清楚自己的创业目标。

2015年，丛雷意识到自己应该做一个改变：首先是职业的转型，要从销售者转为创业者；其次是产业的转型，要从传统的制造业转为IT行业。他的想法与合伙人的创业项目不谋而合，仿佛是草船借箭，“东风”来了，一切都顺其自然地发展起来，创业便成了一件自然而然的事情。当问到转变背后真正的原因时，丛雷笑笑说：“我总觉得，解决企业自身的困扰，会带来比提高销售额更大的价值。我了解企业的困扰，因此也更想解决这些问题。”

丛雷团队研发的“契约锁”是一款电子合同工具。企业、个人可将合同上传至云平台，平台以加密形式传送至签署对象，签字、盖章（电子章）、归档均在线完成。“契约锁”是获得了上海数字证书认证中心授权的，具有法律效力。

公司徽标（LOGO）

目前，“契约锁”的签约客户已经超过1000家，当中不乏国内外上市公司、集团企业、政府单位。除了直接使用外，“契约锁”也可通过工具包接入企业内部管理系统和外部平台，为企业提供定制化解决方案。2016年12月正式上线以来，“契约锁”的销售额已经突破1000万。

关于未来，丛雷希望能够在实现公司盈利的基础上，做中国最好的电子合同服务商。“时间是我们最好的朋友。当你在工作过程中，不断地去学习，就会发现在时间的维度上自己的一些积累。当积累到一定程度以后，自然而然就会有这种创业的冲动。”而丛雷的创业经历恰好是这段话最有力的证明。

对于初次创业的顺利，多数人都认为是幸运使然，但其实背后包含着丛雷对于事物的敏锐分析、对于自我的准确把控与提升、对于行业的不断学习与分析，所以看似意料之外的成功，实际上都是情理之中的事情。

## 2. 以梦为马，不负韶华

企业在发展的过程中，肯定会遭遇一些挫折，就像马云在创业时也经历过多次失败一样。但年轻就是资本，年轻就应该为梦闯一闯。

丛雷说，自己最开始踏入社会时，也跟大多数人一样抱着小富即安的心态——找一份舒心的工作，安逸地度过一生。可是两年的打工生涯，让丛雷意识到，自己心中所向往的，还是创业。

创业和打工完全是两个不一样的概念。打工是针对某一个具体的工作来说的，每年的任务目标很明确，你只要将每年的任务目标分解到每个月、每天去做就可以;完成这些,你就可以随意支配自己的剩余时间。创业则不同,创业者是大部队的“领头羊”,下一步怎么走,目标怎么定,全凭领头羊做主;每天、每月、每年,你都需要时时把握好总的方向。所以在创业者眼里,根本没有节假日可言。

在丛雷看来,创业者在大多数时候都需要身兼数职,特别对初创企业来说。在做公司网站的时候,丛雷一开始并不满意开发人员做出的成品,但他对制作网站并不熟悉,无法向开发人员准确地说出自己的期望。怎么办?丛雷从零开始学习网站的制作流程,包括整个色彩搭配以及一些软件的用法,然后他就能明确地说出自己具体想要的是什么,可以怎样修改。最后制作出的网站符合了丛雷的期望。当然,什么事情都操心,势必带来过大的压力,丛雷坦言,这也是创业者需要承受与适应的。“创业是一个长期过程,一定要做好情绪管理,要让压力保持在一个适当的点,压力太大或太小都不好,就像发动机一样。”丛雷说。

团队成员

现在丛雷会想办法为员工提供好一点的工作环境,为员工提供一日三餐、下午茶,每周还会组织篮球赛、羽毛球赛,每年安排一次旅游等,这些都会促使员工更好地投入工作,提高工作效率,也有利于增强团队的凝聚力。这一系列制度也是一个创业者必须要考虑的。

## 3. 在对的时间做对的事

在采访中，丛雷多次说到，创业这个事情不一定要趁早，基础很重要。“在刚刚毕业的时候，如果没有选择好方向，最好不要轻易地创业，希望大家先对自己、对工作、对公司运作有一个基本的了解。学习这件事儿，大家在经历了小学、初中、高中、大学以后，已经具备了很丰富的经验和技巧。在这个基础上，你才可能去挑战硕士或者博士这些‘高峰’。工作这件事儿，大家基本上毕业以后才去做，都是新手，也需要循序渐进。我特别希望大家能够经过几年的积累，养成一个良好的工作习惯，同时对社会的运作规律有所了解以后，再投身这个创新创业的大潮，这样的话会大大提高成功率。”

“作为年轻人，如果你想创业，必须要思考的就是你是否已经具备了一定的经验、资金和人脉。”

丛雷坦言，99%的创业有可能在3年内失败，所以创业者必须有一个心理准备。“那些认为自己一定会成功的，其实在心理建设方面还是欠缺的。”对于大学生而言，从学生身份直接转为创业者，压力是巨大的，毕竟经验还不够丰富。如果把目标做一下分解，先去尝试实现一些阶段性的目标，也许可以更好、更快地验证一些想法。而丛雷一路走来的经历恰恰说明了创业和组建家庭一样，需要在对的时间遇上对的人；如果这个恰好的创业时机没有到来，那就只能耐心等待。

## 4. 梦想总要有的，万一哪天实现了呢

丛雷在面对自己都不清楚的问题时，习惯从零开始进行摸索，找到自己的答案。在创业过程中，他也曾想过要不要建立分公司的问题，当时的讨论结果是不建立，到今天再看，当初的决策是非常正确的。但是在这之前，团队并不能够确定自己的决策是否正确，万一适得其反，他们也必须要承担后果。“创业的过程就是不停地做选择，做抉择，要有承担后果的气魄。”

丛雷说，促成自己成功的因素中，学习能力是很重要的，第二个是自律，第三个是勤奋。

在职场待的时间越久，你越会发现，这个社会不仅仅看颜值、看学历，还

看学习力。学习力是铺就创业之路不可缺少的要素之一，少了它，终有一天创业之路会被侵蚀。而自律不仅仅是对自己负责，更是对他人负责、对社会负责的一种态度和一种行动。“因为梦想需要101次的跌倒，然后101次的爬起，大多数时候，落后源于不够努力，因为所有的成功还远没到需要拼天赋的地步。”丛雷如是说。

# 崔海东：自我学习能力，是我最大的财富

崔海东，山东大学管理学院市场营销专业2002级本科生，毕业后先后任职爱国者等多家知名企业，实现了从文科生到理工科技术人员的跨越，2016年创办米糖科技（北京）有限公司。

崔海东

“懒起画蛾眉，弄妆梳洗迟，照花前后镜，花面交相映。”2012 年《甄嬛传》火遍了大江南北，这首柔肠百转的歌曲也广为传唱。然而时隔3 年后，演唱者姚贝娜却因乳腺癌复发病逝，又一位年轻女星因此陨落，令人惋惜。

中国的年轻乳腺癌患者比西方国家要多得多。“现在的女性面临工作和生活的双重压力。女性感情细腻，面对工作压力时更容易焦躁，易引起乳腺方面的一些问题。”创业主角崔海东这样说道。

米糖科技，关注女性乳腺健康，专注于智能文胸开发。说起米糖科技，崔海东的眸子里充满了期待和向往，虽然经历过无数次失望和绝望，但他心中的画笔从未停歇。

## 1

画面切回到 2009 年夏天，坐标是北京。

这一年，崔海东的女友在北京攻读博士学位，而从山东大学刚刚毕业的崔海东为了爱情，也选择到北京闯荡。

面试过民生银行、中国银行、中粮集团……几经辗转，崔海东选择了如日中天的汉王。北京是追梦的地方，一旦认定在北京发展，就必须有身份的标识，否则便如浮萍一般找不到归属感。汉王的指纹、面部识别技术是世界领先的，但即使身处如此强大的一家公司，由于户口限制问题，崔海东依然选择了离开。

离开汉王后，崔海东又进入爱国者公司，从一名需要基层轮岗的管理培训生做起。后来他凭借出色的表现由一名普通的柜台人员晋升为产品经理。加入中国华录后，他又晋升为高级产品经理。

产品经理，职如其名。在这个岗位上，崔海东开始接触大量与产品直接相关的内容——产品的生命周期、盈利情况、质量状况……无疑，产品经理这个职位带给崔海东更多深层次的锻炼。

之后崔海东进军产品开发领域，做出国内第一款蓝牙计步器。当时国内最大的运动赛事社区——咕咚，还在用 USB(通用串行总线)端口进行数据传输。研发过程中崔海东积累了丰富的硬件研发经验。

开发完计步器，崔海东又转战远程健康管理，包括从后台系统到前端的应用软件，从软件到硬件设备的集成。崔海东不仅在硬件开发方面有了新的突破，还为软件开发打下了坚实基础。

2016，他以一个与 6 年前完全不同的身份——产品研发人员，推开了创业的大门。

## 2

也许你会觉得，崔海东的经历太过于戏剧性了，从柜台实习生晋升为高级产品经理，从文科“小白”转变为工科技术“大牛”，仿佛只有运气好和脑子灵才能解释。

其实不然，每一个别人眼中的惊叹号，都是崔海东用沉重的步伐换来的。

为了在众多优秀的管培生中脱颖而出，他一连工作 45 天，中间仅休假半天；在别人休假的时候，他已悄然把销售冠军、利润冠军、单品冠军等等收入囊中。恐怕唯有专注、不言放弃才能形容他的不服输的劲儿了。

而对于掌握技术的问题，崔海东说了这样一句话：“如果一个人具备学习能力，就不在乎原来的背景是文还是理。”

但崔海东的学习能力也并非天生的。

“不要拒绝工作，承担更多才能更快更熟练地掌握技能。”刚开始做爱国者产品经理的时候，崔海东仅懂得一些产品参数，至于产品原理、生产流程和生产工艺，他一窍不通。

一次，销售人员拿了一个故障产品给崔海东，请他维修一下，然而那时的崔海东连产品外壳都没拆过，更不用说维修。但崔海东考虑再三还是接下了这件工作。他给工程师打去电话，在工程师的指导下一点点处理故障。小到拧螺丝，大到电路板故障，技术知识就这样一点一点积累起来了。

还有一次，崔海东急需一个产品包装设计，但设计师已排满订单。崔海东没有坐等而是主动找设计师学习，遇到不懂的就打电话咨询。正是这种虚心和不间断的学习，大大提高了崔海东的工作效率，更重要的是崔海东从中收获了越来越多实用技能。

在不断地学习中，经验、知识聚沙成塔，为崔海东的创业路奠定了基础。

## 3

提到米糖科技，崔海东说，创业的灵感来自于他的妻子。

从学生时代，女友就一直帮助自己。初到北京的那天，女友用积攒的津贴为他买了一套西装和一块腕表，这一切崔海东看在眼里，记在心上。步入婚姻殿堂后，女友变成了妻子，崔海东想着能为妻子做些什么。

妻子有乳腺增生的问题，于是崔海东希望可以用技术帮助妻子，于是智能文胸的 idea（想法）孕育出世。这不仅能够帮助妻子，对于有乳腺问题的女性患者而言也是一种福音。

智能文胸产品

带着目标，崔海东开始组建团队，创办米糖科技。崔海东团队在文胸内部设置了医疗级精度的传感器，将监测部位和正常部位做检测值的对比；如果检测出来的数据差异达到明显的阈值，就说明该部位出现异常。这个技术的原理是：如果某处出现了增生、炎症，甚至肿瘤，那么该处细胞分裂的速度要比正常部位快得多，必然导致病灶部位的血运更旺盛，进而导致病灶部位对应的体表温度升高。通过用医疗级温度传感器监测病灶与正常部位的温差，可以及早判断是不是有一些早期的乳腺疾病的症状，及早做出筛查，及早就医治疗，预防恶化风险。另外，通过文胸内置的微震器，针对多个穴位布点按摩，也可达到疏通理气的效果。

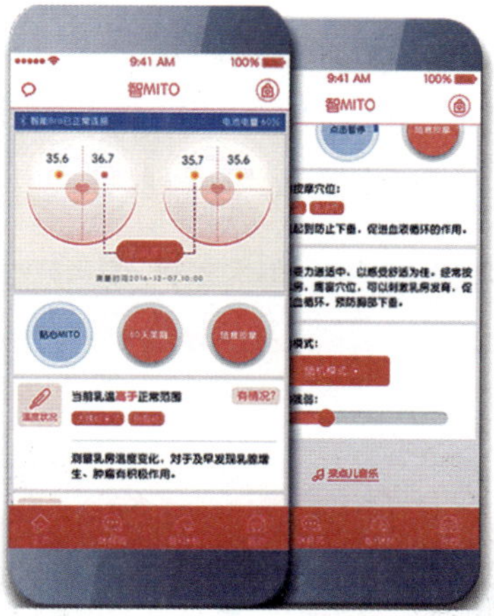


应用软件界面

创业单凭想法、技术和一腔热血是远远不够的。职场出身的崔海东深谙其中道理。

首先是团队。崔海东的核心团队仅有 3 人，是不折不扣的“铁三角”。

一位是崔海东任职爱国者时的领导，同时也是蓝牙计步器的合作者，他们二人志趣相投，共同打造米糖科技。另一位是内衣行业里很有分量的设计师。崔海东不懂设计，而设计师不懂电子，听到崔海东的项目，两人一拍即合。

其次是资金。原始的资金积累全靠崔海东几个人自己凑钱，投入大概有几十万元。

这么多年没有赚到钱，而妻子没有丝毫抱怨，崔海东觉得这就是对他最大的支持。不仅如此，妻子还亲身试验产品，帮助崔海东的团队改进产品性能。

后来，崔海东获得了厦门市政府“双百”计划资金。崔海东计划在研发阶段结束后用这笔资金做 3000 套产品。如果销售状况不错，可以再吸引一部分融资。

崔海东分析，目前米糖科技联合了乐语旗下2000多家门店和700多个智能穿戴的展示专区。乐语兄弟单位——Brookstone（博克斯通）在国内有两家店，每家店的日流水可以达到500万元人民币左右。如果米糖科技可以和这两家店及乐语的店面、展示专区确定交易意向，一笔交易就有2000多套产品流入市场，再配合一些其他方面的销售，3000套的销售量问题不大，甚至可以看作一块试水的“小跳板”。

米糖团队成员

互联网时代，电商模式也是目光犀利的崔海东看重的。崔海东表示，从产品研发状况来看，前期成本和售价之间的利润空间不足以支撑大规模的线下运营，只能借助线上销售，一步一步打开市场。

就线上销售而言，京东、富士康海外通道、美丽说等多个渠道可以同时进行；就线下而言，除了试点展售外，崔海东还提供智能技术方案配套服务——给内衣品牌方提供产品升级技术方案，利用品牌商的成熟渠道去开辟市场。

## 4

虽然产品前期的推广工作已在脑中模拟过一遍又一遍，可行性也经反复论证过，但崔海东还是耐下性子不急于生产销售。也许是认真倔强的性子使然，崔海东总是在追求精益求精的路上，直到研发出令自己满意的产品为止。

内衣罩杯的衬托材料一般都是海绵，其核心成分是聚氨酯，具有低毒性，一般在半年到一年之内是稳定的，超过半年或一年就会慢慢地释放一些低毒的成分，所以崔海东团队换了一种材料——天然乳胶，当然价格会高很多，而且成型工艺比较复杂。同时，产品对于胸垫、弧度、尺寸的要求更精细一些，只能使用极精密的模具，而且要保证其密度均匀、外形美观，需要耗费大量时间、资金和精力。

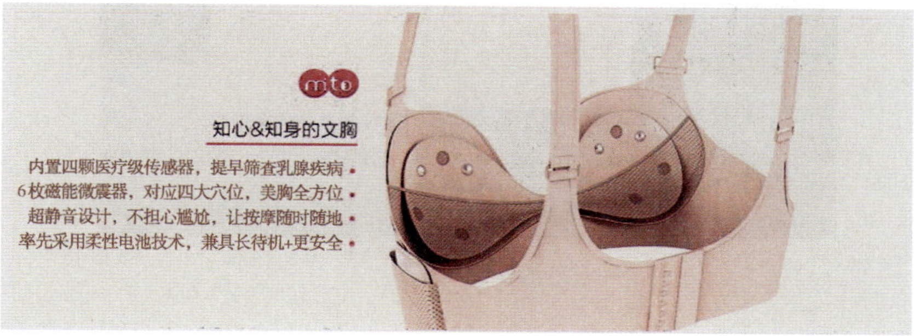


智能文胸产品

智能文胸内置很多传感器，必须做到全防水；清洗的时候，里面的机械结构要承受拉力，需要强度足够、粗细合适的线，而普通材料很难达到这些要求，所以团队最后选择用柔性的环保硅胶来封装芯片模块和传感器。此外要求电池足够安全，电池发热甚至爆炸等隐患都是需要重点克服的，所以每一个步骤都要经过成千上万次的测试。这一系列的问题都需要崔海东一点一点加以解决，对此，崔海东从未气馁："我要求呈现在顾客面前的应该是最好的产品，虽然要付出的努力还很多，要走的路还很远，但我不后悔。"

## 5

作为创业这条崎岖之路的远足者和过来人，崔海东感慨颇多。创业这条路不好走，要背负的东西太多，所以崔海东并不鼓励大学生创业，"除非创业者真正想清楚了"。

最后，崔海东说："对于创业者来讲，你想要的功成名就可能并不存在或者永远不会到来。如果纠结和痛苦一直伴随着你的整个创业历程，而你依然不后悔，那就放手去做吧。”

米糖团队成员

# 韩子信:拾级而上

韩子信,山东大学经济学院 2010 级校友,曾在澳大利亚昆士兰大学学习两年。如今他从事酒店、餐饮方面的工作,与锦江之星酒店合作并加盟陕十三快餐店。

## 1. 慢慢走出来的路

早在上学的时候,韩子信就有创业的想法,但一直以来没有特别明确的方向。用他自己的话来说,"是机缘巧合下创业,才有了现在的事业"。

最初,韩子信觉得做实体比较靠谱。毕业后,他在一家做网络支付的公司——山东省电子商务综合运营管理有限公司上班。公司规模不算大,结构也相对扁平化。在那里,韩子信的日常工作就是销售。

工作一年后,韩子信决定尝试一些新的东西。当时有朋友在酒店行业工作,发展不错,于是韩子信也决定自己做做看。为了积累创业的初始资金,他去炒了一段时间的邮票。2015 年是互联网行业飞速发展的时期,许多人选择到线上交易平台去买卖邮票。这种方式实际上提高了收藏品的流动性,无形中带来了邮票的增值。韩子信趁着这波"热潮"赚了一笔钱。但他自己表示，“这只是赶上好时候了，这种赚钱的方式只是昙花一现，并不稳妥可靠”。

最初开酒店的时候，韩子信也想创立一个属于自己的品牌，但是在和其他品牌商合作的过程中，他发现成功创立一个品牌还是挺难的。“很多客人都不太认可新推出的品牌，依然会优先订一些全国连锁的酒店。”韩子信说：“加盟店的管理体系相对来说是已经成型且比较成熟的。这样来说的话，加盟比创立一个新的品牌更容易，也更易获得成功。”思来想去，韩子信和合伙人加盟了锦江之星。

韩子信有一个发小儿，在济南开了第一家陕十三餐饮店，宣传搞得风风火火，效果很好。韩子信仔细考察过，也跃跃欲试。幸运的是，这家餐饮店是可以加盟的，于是他迈出了创业路上的第二步——加盟陕十三。

回看加盟锦江之星和陕十三的过程，韩子信也颇有感慨：“刚开始的时候，感觉焦头烂额的，找房子、装修、采购……压力挺大。但现在回想起来，其实这只是一个正常的筹建过程。一步一步走过来，之前遇到的棘手、毫无头绪的麻烦事，现在也觉得没什么了。”“当没有人为你指出一条明路时，自己也能慢慢地走出一条路。”

## 2. 问题会来，但办法也会有

公司一开始遇到的问题是招聘难。“当时主要从网上发招聘广告，很多人答应来面试，可是也有不少爽约的。当时的局面还挺尴尬的。后来酒店经营慢慢有了起色，来应聘的就多了。”

开业后也不是一帆风顺的。酒店所在的地方虽然租金便宜，但门头比较小。“当时赶上‘拆违拆临’，二楼可能要被拆掉，于是我把一楼两边的店面也一起租过来了，一切都回到正轨，生意也蒸蒸日上。”虽然遇到困难会心灰意冷，但韩子信却一直相信这只是暂时的。“我的目标是让自己的店成为百年老店。为了这个宏伟的愿景，一点小坎不足为惧，遇到挫折，迈过去就是了。”

谈到未来的计划，韩子信表示：“我希望能在济南开很多家店，之后发展到全国各地。"

心有星辰,便不惧道长路远。韩子信多次提及"暂时",困难是暂时的,压力是暂时的,问题是暂时的。"我不怕这些困难的来临,也有充分的耐心和足够的信心去解决;想着美好的未来,眼下的事情就只是'升级'路上的'小怪'罢了。"

### 3. 踏实大气,做你想做

对于大学生创业,韩子信的态度是"支持"。"我觉得没什么不好,并不是说大学生就一定不适合创业。"他给大学生创业提了两点建议:一是要做自己喜欢的事,这样才有长久的热情和动力;二是做事要踏踏实实,不要想着投机取巧,因为这样是走不长远的。

韩子信认为创业者身上需要具备一定的胆识,做事不能太过犹豫。"如果总是犹犹豫豫,到处看却不着手做,就不会有任何结果,还会浪费大好的时间。""而且创业没必要太过于计较一些小的得失。"韩子信说,"一开始我有点不够大气,去计较一些小钱,但慢慢地意识到该投入的还是要投入,这对事业的长期发展非常有好处"。

之前,酒店如果有东西坏了,韩子信会买些便宜的代替。但后来他发现便宜的东西不耐用,于是他转而选择买品牌商品。"选择品牌不仅是质量的保证,更让酒店显得大气高端。虽然这些只是小事,只是细节,但效果却是不容忽视的。"

韩子信读本科时,通过山东大学经济学院的"昆士兰大学 2+2 项目",去澳大利亚昆士兰大学学习了两年。当时他在国外看到过一些很新奇的东西,比如优步、共享单车和无人售货机等等,后来这些在国内也慢慢出现了。比较两个学校的创业环境,韩子信说:"昆士兰大学的老师会比较支持创业,会给创业的学生一些意见;学校也会请一些校友回来开讲座,谈一谈创业的心得。相比较来说,济南的创业氛围不是很浓,有点保守沉闷。"但他觉得山大威海校区做得很好。"有一次我去威海校区找朋友,他给我介绍了一些大学生在校园里创业的情况,比如食堂某个摊位是某某学长组织的,宿舍楼下的自动售货机是某某同学联系布置的。你会发现，这里的创业氛围很浓，会带动更多的人参与进来。”

回首创业这几年，韩子信坦言：“即使算不上波澜壮阔，也称得上有起有落。”“创业就像爬山，只要耐着性子一步一步走上去，高峰便自在眼前。”我们也祝愿，韩子信的创业之路会越走越宽。

# 胡忠永：秋日回忆录

胡忠永，山东大学历史文化学院档案信息管理专业1995级学生，山东华之儒信息科技有限公司创始人之一。华之儒依托山东大学雄厚的教学和科研力量，集教育、网络技术和文化产业于一体，目前有员工70多人，年总营业额达1亿元左右。

胡忠永

### 1. 土地的裂纹里藏着我的故事

简单，是胡忠永对自己大学生活的评价。

20 世纪 90 年代中期，大多数的大学校园相对比较封闭，再加上山东大学学风之正传承久远，学校里的每个人都在忙着学习，商业氛围不浓厚，也没有什么娱乐活动。

对于从河南农村走出来的胡忠永而言，考上山大并不容易。

背景简单的他，没有什么从政的愿望，也没有丰厚的家底能让他过上毫无压力的生活，离开家乡时身后那黄土地的道道裂纹，是刻在胡忠永心里的印记。

赚钱，是当时的第一选择。胡忠永的第一份工作在工商局，工作稳定但工资不高。“其实对我们来说，一个人在外边做什么不重要，重要的是你能有一个什么样的结果。当公务员的话，一个月也就挣几千块钱，如果没有其他经济来源的话，压力会比较大。在这种情况下，我会选择去冒险。”

### 2. 华之儒：互联网教育路上的探索者

生存的压力，成功的渴望，让胡忠永选择了冒险，开始了自己半创业的历程。从 2005 年开始，胡忠永的工作就一直与互联网教育有关。但在 2005～2010 年，他只是挂在别的公司名下，做一个独立的运营项目，胡忠永把这段经历称为“半创业”。

谈到选择这一行业的初衷，胡忠永表示“不是刻意选择的，而是和自己以前的工作相关，顺其自然选了这一行”。“我给年轻人的建议也是这样，一定要做自己喜欢的和比较熟悉的事；如果贸然地进入一个完全不懂的行业，成功会变得很困难。”“我创业的信心就是来源于前几年工作的积累，这个积累不仅仅是钱的方面，更重要的是自信心的提升——对这个行业的掌控度的提升。还有一点就是要有一定的客户资源。谈生意的时候如果对方知道你之前做过什么，有过一两次比较好的合作，他就更倾向于相信你，这样的话，成功的概率就大一些。”

现在胡忠永所在的山东华之儒信息科技有限公司，有 9 位股东，大家都是在工作中结识的，既有着相差不大的行业背景，也有着共同的理想信念，有在一起干事业的动力。

团队成员

公司最初的侧重点是在互联网上提供一个平台，让家长和老师、学校共同参与进来，实现家长和老师之间的沟通，把家庭教育、社会教育和学校教育有机地结合起来。目前，公司也在打造一个“互联网＋”项目的平台，慢慢地将最早的线上模式与线下模式结合起来。“互联网行业瞬息万变，像阿里巴巴、腾讯这些巨无霸的公司，已经将触角伸到了各个角落，纯线上很难再有很好的机会。所以大家决定，线上一定要和线下相结合，一定要有自己的内容。”

“教育本身有一个特殊性，特别是对于中小学生而言，必须要有参与的机会。并不是说把课件讲好、把视频录好，学生就能学到知识，而是需要教育者和受教育者参与、互动起来。”出于对这一特殊性的认识，华之儒不再单纯依靠互联网，而是把互联网当作一个支撑工具。

线上平台

华之儒的授课方式有两种，一是面授，二是微课。针对高消费群体，采用推荐面授的方式，收费较高。而对于低消费群体，教学主要通过大量微课来完成。这种方式有一个优点，就是受教育者人数不受限制，“孩子们能在第一时间学到相关知识”。

公司目前的业务范围是：第一类是成人教育，即各种各样的职业证书培训或者研究生及以上学历的教育培训；第二类是从幼儿园到高中阶段的教学。“对于第二类，虽说教育对象是未成年人，但消费群体是家长，所以首先要把自身好的教育产品、教育理念传播给家长，其次是让学生们喜欢自己的课程。”华之儒公司的项目虽然是教学，但整个教学模式、教学形式和传统的教学完全不一样。“更有意义的是，孩子们在学习的过程中是主动地学、快乐地学。”

告别传统的填鸭式教育，开创新的教学先河，华之儒始终处于互联网教育的前沿。

线下授课

### 3. 必须接受的苦难

当被问及一路走来遇到的困难时，胡忠永坦诚困难有很多。但他说："其实对创业者来说，遇到困难很正常，不光是我们，所有的成功者都是从困难中走过来的，一次一次的失败累积起来就能通向成功。"

对胡忠永来说，困难来源于几个方面：第一是团队的磨合和难以避免的人才流失。在如今的时代，单打独斗难以有大的成就，团队合作是更合理的选择。每个团队中都会有几个核心成员，可即使是核心成员，也并不从一开始就彼此默契，磨合在所难免。而创业过程中的种种曲折，更容易让人才流失。经过这些年的沉浮，胡忠永感受最深的就是团队中最核心的部分还是人。但无论如何变迁，他都坚定初心，坚持去做。也正是这份坚守成就了现在，如公司的基石般的他。

第二是公司最初没有资金的支持。胡忠永道："现在很多创业者过分依赖于外来的投资，就是所谓的天使投资、风险投资人，希望拿着别人的钱去做自己的事。可以明确地告诉你们，这基本上是一种幻想。"因为资本在选择投资对象时，是经过千挑万选的，一般的人或是项目很难有被选上的机会；即使被选上，也会背负太大的资本成本和发展压力，所以很多创业团队在拿到钱的那一刻基本就宣告失败了。所以最好的办法就是靠自己"造血”，自己去做。正是经历过当年没有资金支持的窘境，胡忠永更加明白公司未来的生存和发展都实打实地靠自己挣钱，而不存有任何侥幸心理；要更珍惜挣来的每一分钱，把每一份资源都用到刀刃上。

团队讨论

困难的第三方面，也是胡忠永创业中最大的困难，就是对国家政策和社会发展的预判错误。“我们第一个互联网项目，是跟学校合作为学生提供服务，家长来付费。但由于国家政策的改变，这种商业模式从2014年开始先后在一些地区被禁止了。这就给我们的项目以致命的打击。”

这样的经历，也是给所有创业者一个警示——创业首先要符合现有的政策法规，而且要有一定的预见性，要科学判断在将来一定时期内符不符合社会发展的需要。

## 4. 教育是出路，创业要合适

这些年来，胡忠永做的事情一直与教育行业相关，在谈及教育现状时，他说：“对于任何一个国家来说，教育这个核心部门一定会含有政治的部分，应试是有必要的，毕竟选拔人才要有一个评判标准；但它的方式和方法会转变，将来的发展方向就是给孩子更多的出路，除了高考外有其他成才的途径。”

对大学生创业这件事，胡忠永表示自己并不支持，但也不反对。“人要选择适合自己的事情；如果创业的话，一定要选择自己喜欢且比较熟悉的行业，贸然进入一个不熟悉的领域，失败的概率会非常大。”

“有些孩子适合在校园里安安静静地读书，而对有些孩子来说，社会就是一所大学，能学到更多的知识。人都要有适合自己的目标。”“假如非要在大学里推广一种创业文化，会让一些本来想安心读书的孩子被一些物质化的东西搅得心神不定，也会带来负面效应。但如果不推广这种文化，又会让学校缺少多元化的发展。所以，要用一种辩证的眼光来看校园创业，适合自己的才是最好的。”

胡忠永认为，有些技术类的创业，扎实的技术基础是创业的资本。如果自身还不具备过硬的专业技能就盲目地创业，成功率会非常小。而一些实践性比较强的专业，比如市场营销，它需要学生与社会有多且深入的接触，这样才会让创业之路走得更宽。“要给学生提供这种创业的机制和环境，把选择权交给他们，不要去做过度的宣传和引导，让他们自己去做，可以更好地发挥他们的优势与潜力。”

学校在创新创业教育方面，胡忠永认为应做到“走出去，请进来”。既要让学生走出去，多了解商业环境、商业规则，也要请一些有真正创业经历的人给学生讲讲创业是怎么一回事。“走出去”与“请进来”相结合，仰望星空与脚踏实地相结合，这样对高校的创新创业教育会更好。

胡忠永在演讲

回看胡忠永的经历，他的每一步都稳扎稳打，作出的选择皆基于生活实际，不抱不切实际的幻想，既不高估自己也不妄自菲薄。他是审时度势的现实主义者；他是坚守内心的掌舵者；他是困难面前不言放弃的奋斗者；他还是互联网教育领域里的探索者与前行者。

创业的故事还在继续，相信他必定会脚踏实地地走好每一步。

# 李金城:忠于自由,一往无前

他说:"吾辈盛行爱自由。"

他是一个热爱冒险的创业者,他更是一个规划得当的领路人。前进的道路上,他遵从内心的声音从未停歇。当创业的梦想与天性发生碰撞之时,随之而来的不是矛盾,反而是无比灿烂而绚丽的火花。

他就是李金城。

李金城

李金城，山东大学能源动力工程学院2004级本科生，乐科智控科技公司创始人。

李金城是兴隆山校区的第一届学生，当时校区环境十分荒凉，宿舍、食堂、教学楼“三点一线”的生活十分乏味，而电脑、手机等电子设备也远没有如今这样普及。但正因为如此，同学们在一起的时间很多，志同道合的朋友总是可以碰撞出不一样的火花。当时的李金城一心扑在了出国这件事情上。托福、雅思，李金城都有涉猎，虽然最后的结果和他的初衷有些偏离，但他告诉我们：“大学生一定要有自己的人生规划。尽管人生中的各种机遇可能将自己引向不同的道路，但只要坚定目标，就能不断进步。”

刚毕业的李金城想法颇多，因此走马灯似地换工作成了常态。2009年，他来到深圳的富士康。“富士康是一家生产型企业，技术含量不高。我是做苹果IPOD（一种多媒体播放器）测试端失效分析的，每日的工作就是分析产生重大不良影响的因素有哪些。刚开始感觉很新鲜，但是3个月过去，我发觉在这里上升的空间十分有限。”

穷途末路之际的笔锋一转，对探寻正确人生道路的我们至关重要。就这样，李金城离开了富士康，开始了一条创业之路。

李金城当下做的是提供一个升级智能售货机的平台。“我们并不生产机器，我们做的是智能售货机的控制系统＋云平台，属于无人零售领域。”这听起来让人觉得很陌生，然而正是因为很少人专注于这块“蛋糕”，该领域的市场潜力可以说是非常大。

公司徽标（LOGO）

“选择创业，需要冒的风险远远超出我们的想象。”李金诚告诉我们，“比如缺少经验，我们涉足的是互联网领域，经验不足，刚开始就赔了十几万元钱；另外，有合作就必然有摩擦，在不断的分歧之中是否还能坚持走下去，考验的是团队的凝聚力”。

李金城还给我们聊起了他的合伙人。因为精通轨道交通，合伙人成为全国第一个取得铁路产品设计资格的总工程师，并且在一家与铁路相关的民营企业工作。因为要和李金城合作开公司，他义无反顾地从原来的单位辞职，更是放弃了几百万的股票。年轻有冲劲的二人在创业路上相互扶持。“我是属于比较冒进的人，他（合伙人）做事情很稳当，性格上正好互补。”

尽管一拥而上、万人所向的领域已经很难闯出一片属于自己的天空，但过于独辟蹊径，路也只会越走越窄。李金城曾经尝试探究过一个名为智能硬件的领域。在众筹最火的两年里，一个山大校友曾在海外众筹平台上筹集到了两万美金，在智能硬件这个小领域掀起了一股风。然而经过了进一步的研究之后，李金城却并不看好这个领域。“智能硬件的刚需太少，不是说每个人都需要它。比如检测粉尘指数的仪器，购买它的消费者可能只是出于好奇，买来尝试一下，但基本上不会再次购买同一系统的净化器，这样一个无法带动其他消费的产品，可能只能实现一个上升期。”

创业如人饮水，个中滋味冷暖自知。李金城坦言，创业之前和创业之后所要面临的事情完全不同，各种各样的问题也会层出不穷。公司在快速融资的阶段，对股权结构、人员投入这一方面要求非常高。“之前的两个合伙人就因为难以平衡家庭与事业的关系而遗憾地退出。这其中就涉及了公司利益的分配。”为了保证公平，也为了维持公司的正常运作，李金城可谓是煞费苦心。

在创业场上打拼，拥有一双抓住机遇的慧眼自然非常重要。李金城给我们讲述了他们与富士康公司合作的例子。当时正在寻求商机的他发现富士康有相关方面的纠纷，敏锐的嗅觉让他意识到了这会是一个很大的市场。说干就干，李金城组织人员从广东周边行动了起来。“最早是广州的分厂，我们只用了一晚上时间就做出了一套系统。这其实就是将一个旧机器升级成一个云平台管理系统。”这件事之后，李金城发现了市场的一个缺口。“我们只需要将简单的机器改一改接线之类的，就可以弥补市场的不足。”

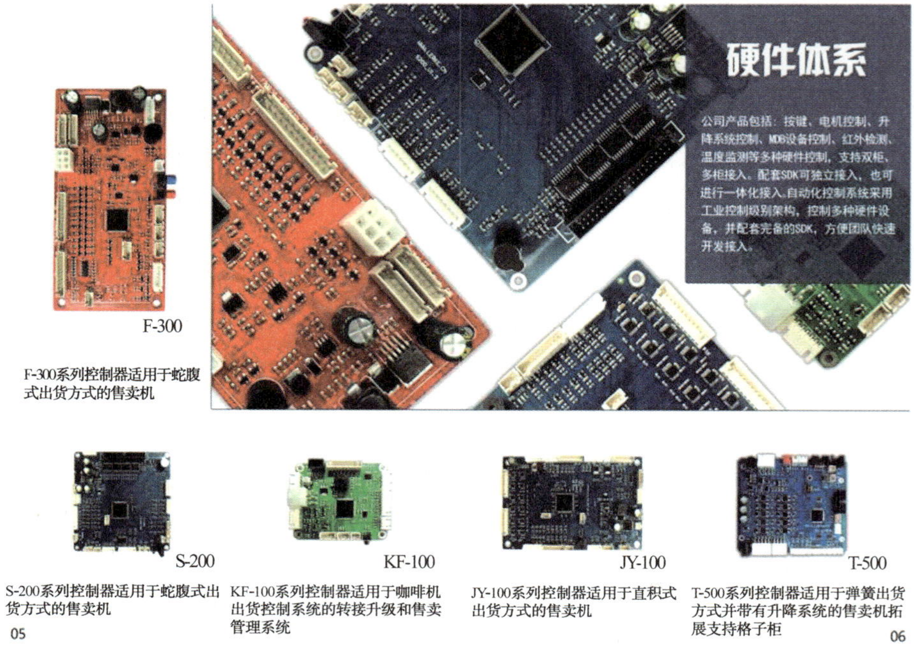
硬件体系
公司产品包括：按键、电机控制、升降系统控制、MDB设备控制、红外检测、温度监测等多种硬件控制，支持双柜、多柜接入。配套SDK可独立接入，也可进行一体化接入。自动化控制系统采用工业控制级别架构，控制多种硬件设备，并配套完备的SDK，方便团队快速开发接入。
F-300
F-300系列控制器适用于蛇腹式出货方式的售卖机
S-200
S-200系列控制器适用于蛇腹式出货方式的售卖机
05
KF-100
KF-100系列控制器适用于咖啡机出货控制系统的转接升级和售卖管理系统
JY-100
JY-100系列控制器适用于直积式出货方式的售卖机
T-500
T-500系列控制器适用于弹簧出货方式并带有升降系统的售卖机拓展支持格子柜
06

硬件产品

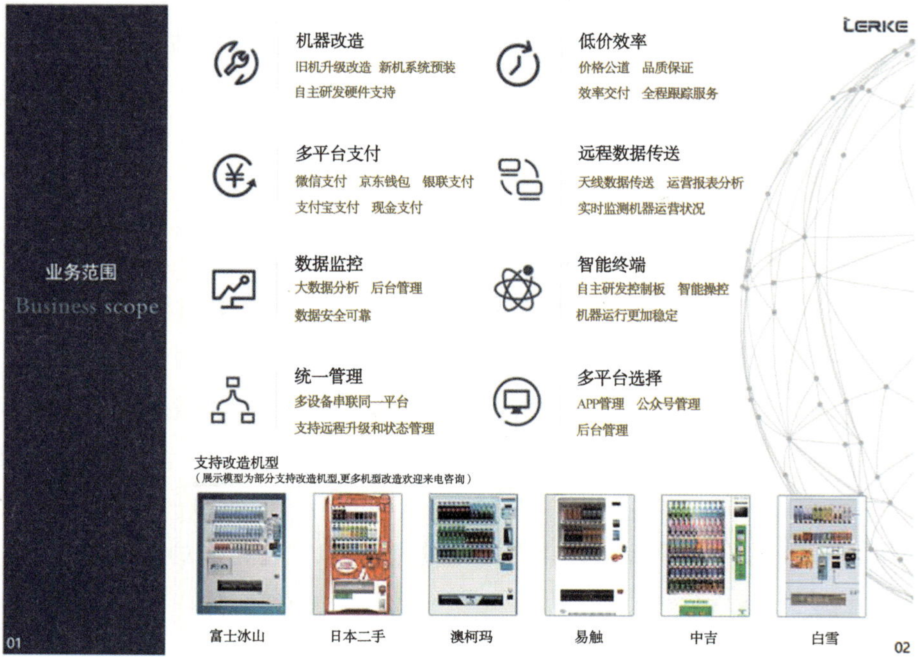
业务范围
Business scope
01
LERKE
机器改造
旧机升级改造 新机系统预装
自主研发硬件支持
低价效率
价格公道 品质保证
效率交付 全程跟踪服务
多平台支付
微信支付 京东钱包 银联支付
支付宝支付 现金支付
远程数据传送
天线数据传送 运营报表分析
实时监测机器运营状况
数据监控
大数据分析 后台管理
数据安全可靠
智能终端
自主研发控制板 智能操控
机器运行更加稳定
统一管理
多设备串联同一平台
支持远程升级和状态管理
多平台选择
APP管理 公众号管理
后台管理
支持改造机型
（展示模型为部分支持改造机型,更多机型改造欢迎来电咨询）
富士冰山
日本二手
澳柯玛
易触
中吉
白雪
02

软件平台

专注如他，对自家企业的竞争优势、发展道路也有着十分清晰的认知。李金城告诉我们，现在多平台的软件行业竞争的确存在，但在互联网+、硬件占优势的时代大背景下，只做软件注定是失败的。毕竟“软件做得再好也没办法落到实处”，而这正是李金城的优势所在。“我们营业时间很长，可以整合占市场90%份额的机器，这是我们竞争对手做不到的一点。”从终端客户入手的同时，李金城也敏锐地抓住运营商的痛点，比如老机器积压、各家系统杂乱等，他总能搞定大部分难啃的硬骨头。

然而，就像李金城说的那样，竞争的优势不在于技术，而在于“领先周期”。将同一厂家的所有机器全部集中在一个平台上也许是许多企业都可以完成的任务，但李金城赢在了系统稳定、关键技术先进，更重要的是在硬件方面领先各路对手长达七八个月之久。“重点就在于‘先想到’，而先想到的并不是要等待灵光乍现的瞬间，而是需要在不断地尝试中摸索。”

谈及吸引投资，李金城告诉我们：“其实最关键还是经济利益能否实现。每一个投资人都有自己的投资逻辑，有自己对于特定领域独到的认识，而且他们很聪明，既然要投资某个行业，肯定对这个行业了如指掌。”总而言之，若想吸引投资人，就应当把项目做到完美，“企业的成长空间有多大，投资者是能透过项目看出来的”。

从大学开始，李金城“不安分”的性格就开始发挥作用了。他坦言，自己生性“爱自由”，不喜欢被外物约束，更不喜欢被别人管。尽管大学时期的他始终忙于英语的学习，但他也利用课余时间泡在工程训练中心，不知不觉中为自己今后的道路打下了基础。也正是因为笃信自己的人生应该由自己把握，所以在企业、在政府部门工作都无法令李金城找到归属感。自然而然地，他便踏上了创业这条“不归路”。但有得必有失，擅长写代码的李金城在创业之后就很少有机会接触计算机语言了。“出来之后，大学里学到的知识基本上忘干净了，在这种情况下如果再回头找工作，再去重新敲代码，几乎是不可能的了。”人生的每个决定都有其重量所在，只有在谨慎地权衡利弊之后，我们才可能肩负起生命的重担。

遗憾和欠缺或许一直存在，但面对它们，李金城拥有一份常人没有的淡然与洒脱。“我欠缺得实在太多了,在创业的时候会发现自己其实什么都不懂、什么东西都需要学。”没有过管理经验、外媒经验的李金城从零学起,失败过多次,但一次次的失败也成了前车之鉴。“创业一定是失败过,才知道怎么去成功。”“待到自己准备创业时,先不要着急为自己下结论。创业不过是从一无所有开始的,所以谈不上失去。”

李金城(右三)和他的团队成员

李金城(中)和采访团队

提及对当代大学生创业的建议,李金城诚恳地提出了“做好规划”这一要素。创业的路上,想象不到的失望和惊喜有很多;只有做好了前期规划,我们才能保证火车头不会偏离路线。“一颗云淡风轻的心脏，一种临危不乱的气度，对面对风风雨雨的创业者而言尤为重要。”

拓展市场、跨界合作……李金城想尝试的还有很多，热爱自由让他可以跨越原有的条条框框，不断寻找新的可能。未来会有怎样的挑战和希望在等待着他，我们和他一起期待着。

# 李贤伟：生命不息，折腾不止

李贤伟，山东大学经济学院国际经济与贸易专业2010级本科生，曾先后负责鱼菜共生运营设计、芙罗拉薰衣草庄园经营管理等多个农业项目，现创办生态农业园区，用有机的标准探索适合当前农业发展的道路。

李贤伟

## 1

许许多多大学生寒窗十年就是为了离开那片土地，不再用阴晴风雨丈量时间。然而，有一个人的选择却截然不同，他不顾家人的反对，大学毕业后毅然地跨界投身到农业中去。田间地头考察，烈日骄阳下研究，黝黑的皮肤印下了他对这一选择的热情与坚定，他就是李贤伟。

李贤伟的大学生活颇有些传奇色彩。

2010年，李贤伟读大一。军训刚刚结束，他就和几个比较投缘的朋友合伙开起了餐馆。当时学院里的聚餐和烧烤活动基本被李贤伟开的餐馆承包了。可惜的是，一段时间后因为经营不善餐馆倒闭了。

2011年，李贤伟读大二。沉心之余，他骑着单车去东营、去北京，一些经典的徒步路线也留下了他的影子。

2012年，李贤伟读大三。追求自由、喜欢折腾的他在中国银行实习一段时间后，想给枯燥无味的生活带来些许的改变。随后，在大三那个暑假，他来了一场说走就走的西藏自由行，搭顺风车走川藏线，两个月的时间走遍了西藏和尼泊尔。

而川藏线的经历无疑是李贤伟生命中着墨极其浓重的一笔。

川藏线上，路过的司机大都主动停车问你去哪儿，如果顺路就会捎你一程。李贤伟当时在成都遇到一个和自己一样“穷游”的人，两人就搭伴前行。运气好的时候，他们就坐顺风车，运气不好的时候，他们就迈开腿走。就这样，他们到了雅安，又走过了康定、鲁朗，最后到达拉萨。

抵达拉萨后，李贤伟还是止不住脚步。办完护照后，他到了“等风来”的尼泊尔。加德满都、博卡拉别样的异国风情带给李贤伟不同的体验。

漫漫长路，李贤伟结识了很多有趣的驴友。他们爱自由，不喜欢受拘束，有些甚至辞职去西藏，开启生命的另一个征程，他们的生活态度无疑感染了李贤伟。

在银行乏味的实习经历和西藏的自由之行，对李贤伟的冲击是巨大的。

“正常上班没什么意思，不如出来自己做!”2013年，适逢创新创业的春风吹起，李贤伟接触到几个做农业项目的创业者，就参与了进去。

## 2

李贤伟出身农村家庭，毕业后选择研究农业，父母都特别反对。老一辈的观念里，毕业以后就应该“正常上班”，选择银行金融机构或者做一名公务员，“踏实”，做农业简直就是“不务正业”。

但是，李贤伟仍选择了农业，正像他自己说的，“我爱折腾”。

开始由于精力和经验有限，李贤伟先是负责了“乐农优选”项目，在平台上协作运营。为了更好地接触和学习与农业相关的东西，他去了北京的“分享收获”农场，还在“小毛驴”市民农园当义工和实习生。

学习了半年后，李贤伟回到济南，在专门负责创业项目的百花智谷创客空间对接鱼菜共生项目。而如今，鱼菜共生大棚已经投入使用。

由于自身发展的需要，李贤伟又去了黄河北的芙罗拉薰衣草庄园，主要负责庄园运营，在那里待了差不多半年的时间，他又参加了广州沃土工坊和清华大学粉体研究所联合创办的实习生项目。

在积累了一定的经验后，李贤伟越发觉得，大农业不适合当前企业的发展，他向往的始终是小而精的农场——用有机的标准去做生态农业。

## 3

提到山东农业，李贤伟有自己的看法。

一是山东的模式比较落后。山东是农业大省，但基本上是大农业。这种模式成本高，投入大，周期长，风险大，见效慢;没有农业补贴的话，很难持续性地运营下去。

二是缺乏合理的规划。“现在济南租金是每亩1000多元钱，如果建大棚，比如联动温室，动辄需要两三百万元的资金。若没有好的产业或者产能低的话，十年都不一定收回成本。”

思来想去，李贤伟认为比较好的农业经营方式是轻资产，小而美，小而精。于是他着手打造自己小而精的生态农业园。

公司徽标(LOGO)

中国的农业市场很大，尤其是绿色农业。很多名人也跨界转投农业，最出名的当属“褚橙柳桃潘苹果”——褚时健的橙子，柳传志的猕猴桃，潘石屹的苹果，另外还有丁磊的猪，京东的大米……

读大四的时候，李贤伟也做过大量调查，发现现在的年轻人尤其是孕妇，非常关注食品安全问题。于是他以食品安全为切入点，把创业重心锁定在“互联网＋休闲农业”方面。

在前期筹备阶段，李贤伟先和亲戚成立了一个合作社，在那里他主要负责做一些政策导向和农业政策的解读。后来，李贤伟在济阳拿下了十几亩(1亩约为666.67平方米)地，完全按照自己的想法来做生态农场。

规模方面，李贤伟不打算在现在的基础上再扩大。“一味地扩大规模相当于陷入一个死胡同，资金投进去难以回收，很容易出问题。”

农场一角

李贤伟分析，一些返乡青年和返乡大学生创业做农业，产品确实不一样，很多农场的有机绿色无公害产品很有特色，但在济南市场上暂时没有一个整合平台。而他作为一个组织者，正好可以把济南这个市场给整合起来，推销自己的产品。

做平台投入少，主打宣传和电子商务；而生态农场作为线下的体验基地，可为客户参观提供便利，有利于增加顾客的黏性。李贤伟希望通过这样一个线上与线下相结合的模式，打造一个有特色的基地。

## 4

创业不乏荆棘。

最初是技术上的问题。遇到问题，李贤伟就向当地的种植人员寻求帮助，虚心请教。

然后是资金问题。第一笔资金是李贤伟和几个同学凑的，后来资金需求量大了，李贤伟就选择了大学生创业贷款和创业补贴的途径，后来还幸运地众筹到了一笔资金。由于基建投入相对较少，资金流相对能满足需求。

创业路上遇到“扶自己一把”的“贵人”无疑是幸运的。创业初期，山东大学经济学院的毕鑫鑫老师、蔡清香老师和刘娜娜老师给了李贤伟很多帮助。他们经常询问项目的进展情况，帮助李贤伟联系相关部门，解读国家相关政策。

学校、学院也积极配合，在分配资源方面给予一定的政策倾斜，并给李贤伟介绍同行业校友的经验。其中，百花智谷创客空间的负责人赵辉学长在李贤伟资金困难之际，就主动“雪中送炭”，解了李贤伟的燃眉之急。

在这些“贵人”的帮助下，李贤伟少走了很多弯路。至今，他依然对母校和校友们怀有深深的感激之情。

## 5

虽然创业苦，但李贤伟从未想过放弃。“做都做了，不能半途而废，而且现在的思路越来越清晰，商业模式越来越好。如果现在放弃的话，以后肯定会后悔。”“人这一辈子很长，好好去做一件自己喜欢的事情，也是一段非常美好的经历。”

如今公司有 15 人，核心成员有 4 人。回首自己的创业经历，李贤伟反而不太建议大学生创业。“很多大学生是脑袋一热走上了创业之路，但其实并不具备创业条件；如果真喜欢创业这条路，建议从大一就开始‘折腾’，早早地接触外面的世界，早早地积累经验。”

“此外，要尽早确定自己的职业方向，想从事哪个行业，认准了就多去尝试，好好利用大学的时间，减少时间成本。”“如果想创业，一定要想好退路，做好充分的准备。”

“生命不息，折腾不止”仍在回响，这是属于勇敢的创业者奋斗的声音。

# 刘英英：让“艾”走进千家万户

刘英英，山东大学管理学院市场营销专业2006级本科生，深圳市神州云海智能科技有限公司总经理。

刘英英和艾娃

“你好，我是艾娃，这里是我的家，神州云海。”

刚踏入神州云海的研发中心，迎面走来一位“迎宾小姐”。她面带微笑，声音软萌，无论你从哪个方向说话，她都会转过头看着你，能唱歌能聊天，偶尔还会冒出一两句“金句”。

但她的能耐，远远不止如此。2015 年，艾娃受万科王石之邀，前往法国巴黎，参加联合国气候大会，主持了“中国角”系列边会。自此，她一炮而红，更是与王石结下了深厚的缘分。在往后一系列公开活动中，王石身旁始终都有艾娃的身影。

在高调的艾娃背后，是低调的刘英英和徐扬生院士带领的科研团队。

## 1

国际船运，是刘英英毕业后最先接触的行业。以此为契机，她才慢慢接触到大宗能源贸易行业，如铁矿、煤炭等大宗能源的进口。大宗能源贸易是一个与金融密切联系的市场，原始资本积累速度很快。在工作中，刘英英得到了国内外客户的一致认可，由此得到银行授信，开始自立门户。

这段经历，让刘英英初步具备了创业的能力。“创业需要具备很多条件，资金是前提，还要有资源和管理经验。”刘英英认为，创业不仅需要具备丰富的工作经验，还涉及原始资金从哪里来的问题，“完全靠打工，哪怕年薪上百万，也不足以支撑每年几千万的公司运作”。而从事大宗能源贸易这段经历，恰好让刘英英积累了企业运作的经验和一笔可观的创业资金。

2014 年年初，大宗能源产品价格下滑厉害。身处漩涡中心的刘英英冷静地分析了局势。“当时国际金融经济大形势变差，金融属性很强的国际能源贸易也不景气，说实话，我并不认为这个市场能回暖。”不同于其他人一边抱怨指责，一边抱着希望挣扎在大宗能源市场，刘英英迅速作了调整：“我做事，很少拖泥带水，我不看好它，就立刻选择做另外一件事情。”

刘英英

这时，许多人都从实业往金融业转型，刘英英恰恰相反。她认为，推动整个社会进步的肯定不是金融业，实体产业是一个为社会做出更大贡献的产业。但是，实体产业有很多，关键要找到实业中的朝阳产业。刘英英初步锁定了高科技和新能源两个方向。

由于自身对这两个产业都不熟悉，又不具备技术条件，刘英英只能靠前期积累的人脉、客户资源以及对市场的把控能力，慢慢摸索。“到最后我告诉自己，在哪个细分领域能找到好的合作单位，我就选择哪个系统领域。”2014年，刘英英开始找技术合作单位，机缘巧合，她认识了徐扬生院士——全球服务机器人的鼻祖、香港中文大学深圳分校校长，他曾在美国卡耐基梅隆大学机器人实验室从事空间机器人研究。

在与徐扬生院士的沟通和交流中，刘英英用执着的态度获得了他的认可。“为什么他最后会选择跟我合作，我觉得这完全源于我真诚的态度和做事情特别专注。”最终，徐扬生院士决定拿技术和人才入股，至此，神州云海初具雏形。

“跟徐院士的合作可以说是我人生中最大的机遇。”刘英英坦言，如果没有徐院士，神州云海不可能做起来，未来的发展空间也不会像现在这么大。

徐院士给刘英英的支持，绝不仅仅是给了她合作的机会，更是为她整合了一支强大的研发团队。“我们的团队在机器人方面可以说是全国最强的。”此外，徐院士还在思维方式等方面影响了刘英英，“亦父亦师，像父亲一样给了我很多引导，又像老师一样，给了我很多专业方面的指导”。

**2**

刘英英的名片以宝蓝色为底色，正面印着一句话“让‘艾’走进千家万户”。

这是刘英英对神州云海的愿景，更是她对自己的期望。“虽然我已经工作十多年，但仍然没有失去年少时的感性，这就是内心对世界的爱。”

神州云海的主打产品品牌，是艾娃。刘英英希望，机器人应该跟人有相似之处，而不只是硬邦邦的机器。人区别于其他事物的核心就是情感，而情感中的精华就是爱。当初取名时，刘英英希望能把爱融入其中，“因爱而生的小娃娃，长大后成为辅助人类的帮手”，因此得名“艾娃”。

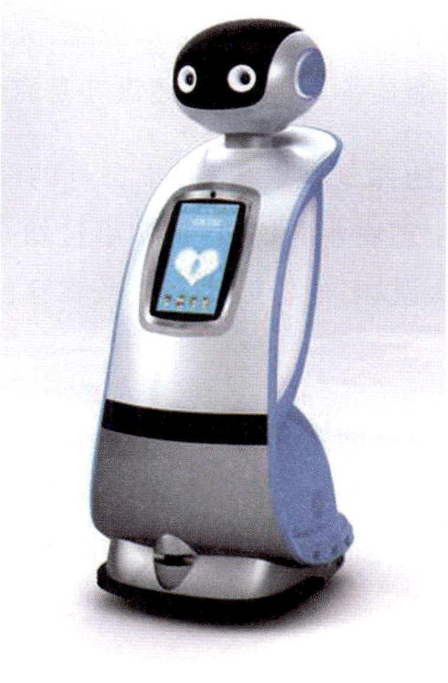

艾 娃

除了艾娃外，神州云海的企业文化也渗透了爱的概念。刘英英认为，不管创业也好，整个团队一起做事业也好，肯定是因为有了情感上的连接，才有了企业方方面面的发展。

按理说,“80后”与“90后”年龄较为接近,代沟较少,管理起来难度也比较小。事实上,如何管理“90后”对每个企业的管理层而言都不是一件易事。这与两代人思维模式的差异有关。70年代和80年代的人,把责任看得很重。“比如我在这个企业里工作,我是有责任的,曾经给领导许下的承诺,我是必须兑现的。我说这半年我不离开企业,那我就是不能离开的。”但对于“90后”而言,责任和承诺远远没有来自内心的“追求”重要。刘英英坦言,她在管理年轻人方面遇到很多瓶颈和问题。现在的年轻人做事,很看重个人价值的实现,不愿意受到太多限制,“我现在也在不断转变自己的思维”。

万变不离其宗,管理最终追求的是“向心力”,这也是刘英英把爱作为企业文化核心的原因。一个企业的管理,流程、制度、架构都是手段,是工具。从中国传统文化上说,它属于“术”的层面。事实上,比起“术”,更重要的属于“道”的层面,就是回归人内心的层面。在企业管理中,二者缺一不可,创业者既要有企业管理方面的技能、技巧,要制定合理的规章、制度、流程,还要给大家提供能够体现个人价值、符合个人理念,充满人情、关怀和爱的工作氛围。只有这两方面都具备,这个团队建设才是完备的。

刘英英对团队管理的深刻见解,来源于自身的经历。她从事过各式各样的行业,参与过新型生态农业的搭建,也从事过幼儿教育、国际船运、大宗能源贸易。在这看似“大跳频”的背后藏着一条贯穿前后的主线,“我一直做着管理协调的工作”。

刘英英很推崇“广与精”的概念。她认为,必须先广。“为什么我现在能创业,源于我前期‘广’。我做大宗能源贸易的同时,接触过金融、国际海运业务以及下游的各种客户。”由于前期的广泛积累,到现在刘英英才有资格选择到底锁定在哪个行业。如果没有一定的了解和经历,根本没有能力判断什么是朝阳产业,什么是夕阳产业。广是一种积累,精才是成功的关键。如果要把事情做好,必须精于某一个行业,某一个产业,某一款产品,甚至是某一款产品在行业的细分应用。具体到一款产品而言,如果没有自己的准确定位,就无法满足一个行业的精细化需求,最后流于不精不细的产品。

“我认为，必须先有一个很广的概念，然后再做精细。”

但是，在找准细分领域方面，刘英英也吃过亏。

在神州云海创立之初，刘英英和她的技术团队选择的方向是家庭服务机器人。当时选择家庭作为目标受众，是因为2C（个人对个人）市场大，想象空间大。但在后期的市场调研中，刘英英发现，这个方向完全是错误的，2C市场最大的问题是，“市场能接受的价格在1万元到2万元之间，连成本都无法覆盖。你要做什么东西，对你的企业而言是生死攸关的决定”。

刘英英迎来了创业路上的第一个迷茫期，她需要重新选择企业方向，决定下一步该怎么走。关键时刻，只能用笨办法。她拿着一款不知道如何定位的产品，开始做大量的行业调研。在跟不同行业的人交流的过程中，她拿着产品逐步摸索。经过3个月的摸索，最终确定了如今的商用客户及其方向。

刘英英曾经与同事分享了一句话：一个人在最难受的时候，心里应该默默告诉自己，你是在突破自己，这是你思维模式上应有的一个成长过程。“如果一直很顺利，人是没有突破的。你做的事越来越大是源于你自己有更多的突破。”而这个“突破”就来自于你遇到的各式各样的困难。只有在解决问题、化解困难的过程中，人才能突破自己，改善自己的思维模式，提高各种能力。

## 3

“我可以告诉大家，如果要自由的话，就不要创业。”

对刘英英而言，自由是相对的，而创业更是一件不自由的事情。创业就要求赚钱来养活团队，这就需要把产品销售出去，这时你就被束缚住了。“你必须拼命再拼命，一点松懈的空间都没有，因为‘领头羊’一旦松懈，整个团队就松懈了。从这个层面来说，个人的精力和时间都被绑定了。”

很多人认为，在企业工作意味着无法按照自己的思路做事。但刘英英想告诉大家的是，创业更没法按自己的思路工作。从对企业负责的角度来看，创业者对外是完全受约束的，“说得难听点，你必须低三下四，迎合别人，才能卖出自己的产品”。道理很浅显，责任越大，受到的限制就越多。当你承担着更大的责任，肩上背负着企业和团队的未来时，怎么谈得上自由？

退一步来说，创业者貌似掌握了企业的决策权，事实上，真的能决定吗？“你要对自己的企业负责，就不能完全按照自己的想法去做，需要去适应市场，适应客户。”就管理团队层面，完全用自己随心所欲的方法能管理好一个团队吗？刘英英认为，老板是最不自由的。他必须分析管理层和整个团队的状态，想办法让大家一条心，为了团队的未来而拼搏。“管理跟哄其实是一个概念，你要哄着员工。”刘英英笑言：“整个神州云海最不自由的就是我，大家都可以自由地离开，但除非最后一个员工离开，否则我都要被绑在这里，这已经不是一种自由的状态了。”

一个人需要控制的事情越少，心就越自由。当你企图控制一件事情的时候，你同时也就被这件事情所控制，这永远是个相互的过程。

当然，刘英英也想给现在的“90后”创业者一个建议：不要把自由这件事情看得太重。“一件事做着做着，就会把人推到一个规划外的处境，这件事就成了无法推卸的责任。”若创业是为了自由，刘英英无疑把自己推向了理想生活的反面。现在对她而言，创业，是为了心里的梦想。

创业是一个自我积累的过程。刘英英认为，创业10年和工作10年，从结果来说，有一点是相同的，就是都积累了自己的人生阅历。但毕业即创业，与工作10年后再创业，成功的概率显然不一样。“比如从华为、腾讯走出来的人创办公司，成功的概率会非常大。因为他们已经有了深厚的积累，他们懂得如何运作一家公司，如何增强团队的凝聚力，如何调动资本市场推动公司的发展。”

“大学生创业走的弯路比较多，经历的摔打也会更多，整个过程会更艰难，失败的概率也比较大。”不同的创业起点，决定了以后走的路不同。而刘英英的选择是，有了积累，有更大把握后再去创业。

对于有创业想法的大学生，刘英英建议，在学校里尽量多地争取到企业实习的机会，多跟实业家或企业管理层交流。“对于创业来讲，实践比理论更重要。”这种交流不仅能让你提前了解企业的运作模式，更能加深对行业的认知。

刘英英举了个例子：就物联网而言，如果你只凭在学校里了解到的皮毛，就觉得它很有发展前途，然后冒冒失失地踏入这个行业，那是很幼稚的。你需要深入了解物联网的历史和未来以及它所涉及的各个方面，比如物联网如何与网络通信、智能硬件、大数据连接。“你必须有大量的信息积累，才能对一件事情作出客观的判断。”

创业前期的积累，不仅是指知识、能力的积累，更核心的层面还在于内心的积累，比如具备一定的韧性，能客观地看待问题。大学期间，刘英英曾在山东省统计局做问卷调查工作。对她来说，这项工作收获最大的不是懂得如何与人沟通，而是怎样坚持下来。“从一楼到七楼，一扇门一扇门地敲，一次又一次地被拒绝，不断地磨炼着自己的内心。这是另一种形式的沉淀和积累。”

“现在很多大学生，都有一颗‘玻璃心’，受不了一点点委屈，这就是内心不够强大、不够成熟的表现。”刘英英建议，不管以后做什么，多做一些容易被人拒绝的事情，这个过程是对心态和心性的磨炼，会使你受益匪浅。

# 刘迎滨：果壳中的“无限宇宙之王”

至今，刘迎滨对哈姆雷特说过的一句话记忆犹新——即使把我放在果壳之中，我也能成为无限宇宙之王。

勇敢，又坚定。

谦玛科技的创始人之一刘迎滨，便是这样一位“无限宇宙之王”。

刘迎滨，山东大学威海校区商学院物流管理专业2004级本科生。他与另外一位合伙人顾徐共同创业，成立了谦玛科技。

2011年6月，上海谦玛网络科技有限公司正式成立。

2012年3月，谦玛社交媒体运营管理平台正式投入使用。

2014年6月，公司获得“双软”企业认证。

2017年1月，谦玛网络正式挂牌新三板。

谦玛科技公司的发展速度非常快。2017年上半年，整体的营业收入便达到了2016年一年的90%左右，员工数量也翻了一倍，人员的综合能力比

2016 年提高了很多。越来越多有能力的人选择加入谦玛科技。

谦玛科技的官网上写着这样一段话：“谦玛网络，是一家以技术为核心、服务为导向的数字整合营销服务机构。我们致力于构建品牌与消费者之间的强关系，通过整合新技术、新媒体、新应用，为品牌提供数字整合营销、新媒体应用、移动广告投放、精准广告引流和数据服务一站式数字整合营销服务。”

由此可知，谦玛科技目前的主营业务属于数字营销的一个范畴，类似于很多热门事件的传播，整个策划属于营销策划里的一部分。

不仅如此，谦玛科技还有一个平台事业部，负责研发产品。这些产品主要偏向一些大数据，而通过这些大数据，可以帮助客户更好地完成一些工作，例如与“热点”相结合，让“蹭热点”变成一种能够用直观数据表达的事情；这样一来，投放效果好不好，客户都能看到，能更直观地加以分析。

值得一提的是，谦玛科技采用的是员工股权激励的制度。通过这样的方式，创业两年，谦玛科技的核心成员就由 3 人变为 8 人，再由 8 人增加到 20 多人。

读大学的时候，刘迎滨就很关注社会实践类的工作。大一的暑假，他看到阿里巴巴的“口碑网”有一个社区商家服务平台，于是也效仿着做了一个面向大学周边的服装、电子、餐饮类的网上推广平台。此外，平台还涉及一些供求信息。大三的时候，刘迎滨开始做开发，做运营，做一些咨询方面的东西。到了大四，他做了一个威海信息港的“人才频道”，主要负责开发。

2012 年，新媒体、社会化营销比较火，刘迎滨和合伙人觉得这是一个好机会，于是开始创业。抱着试一下的心态，他们一路磕磕绊绊，遇到问题，解决问题。就这样大概过了一年的时间，谦玛科技坚持了下来。

现在，公司的规模稍微大了一点，刘迎滨最头疼的是人的问题：一个是人的积极性的管理，另一个是人才的引进。除此之外，还有一个“突破”的问题。“公司发展到现在的阶段，如果想进一步往上走，不是努力就可以做到的。在创业中，想取得一个跳跃式的发展，光靠努力是不够的，需要行业突破。”

因此，刘迎滨和顾徐考虑的不仅是盈利的问题，还有公司现代化管理能力的提升问题，是人才梯队建设的问题。

想要获得更好的发展，有压力是必然的。但是有压力才会有动力。刘迎滨提到，压力分很多种，其中一种是“不可承受之重”。

比如说，若业绩提不上去，或者说市场有变化，那么企业有可能生存不下去，之前的努力可能付之一炬，回到原点。这种“随时归零”的压力，每个创业公司可能都有，但是对于不同的公司，甚至在一个公司发展的不同阶段，这个压力的强度都是不同的。

压力就像是永恒的恶魔，它是客观存在的，可能时时刻刻、日日夜夜陪伴着你，在某个不经意的时刻突如其来，仿佛洪水猛兽，想要压垮你。“巨大的压力能否转换成动力，要看不同人的反应。”

面对压力，刘迎滨、顾徐带领着他们的团队想了很多办法。员工股权激励，奖金体系调整，都是化解风险的方法。

“正是因为有这样积极面对的心态，我们才说在很多情况下，压力本身能够促进人更好地成长。”

这是一个人和他的一支队伍在创业路上拼搏的故事。“努力”“拼搏”“不能承受之重”……种种词语在这里得到了新的诠释，这就是创业的魅力。

# 孙世威：道路前方仍是道路

也许多少年后在某个地方，
我将轻声叹息把往事回顾，
一片树林里分出两条路，
而我选择了人迹更少的一条，
从此决定了我一生的道路。

——[美]罗伯特·弗罗斯特

孙世威

孙世威，山东大学生物工程专业2009级本科生，上海微威文化传播有限公司创始人兼CEO。

### 1. 校园内的实践

有心人总会留意生活中的机会，创业也是个需要把握机会的过程。早在孙世威高中毕业时，他就开始了人生的创业初尝试。

高考完的暑假，孙世威把吉林省高考排名第一到第八的同学聚集起来，组成了一个“助你成才”的状元班。这个班以一对一的形式，教高一、高二的同学如何应对高考，并且取得了不错的成效，也在长春市引起了很好的反响。

到了大学后，孙世威与山东大学几个生物系的学长一起组成一个团队，开始了第二次创业。孙世威说：“我刚到济南的时候，和朋友到外面吃饭，首选的就是学校旁边的几个店，并不了解其他饭店的消费情况。考虑到这一点，我们就想通过给商家产品拍照的方式，为消费者传递信息。”这是团队最初的商业模式。几个月后，“美团”这样一个以团购为主的商业模式出现了。这种团购的经营模式与孙世威团队早期的模式有着本质区别。“我们是以信息展现为主，负责把照片上传上去；团购是以交易量为主，用成交量说话，更直观，也更能反映问题。慢慢地，我们也转成了团购的模式。”

这两次创业可以说是孙世威在离开校园前的早期尝试。孙世威坦言自己在校的成绩算不上特别好，他的时间主要用来做两件事：一是社团，二是创业。

“我当时是山大两个社团的会长，一个是学生国际交流协会，还有一个是中信高校精英俱乐部。”成立中信高校精英俱乐部的契机源于中信银行山东分行举办的一次实习生挑战赛。孙世威说：“他们当时想找一个组织帮忙承办这个比赛，我和几个学长正好有这个想法，于是就承担了下来。”

确定要承办这次比赛之后，俱乐部也正式成立了，孙世威开始着手招人的事宜。“我们当时给中信提的一个要求是，我们俱乐部的所有人都可以去中信实习，当然我们会严格把控入会人员的质量和俱乐部会员人数。”

除了社团，孙世威将大部分时间都用在了了解创业的相关信息方面，比如看有关创业的书、视频等等。他看过马云等人的采访视频，也看过《赢在中国》这样的节目，里面讲述的或失败或成功的创业案例都让孙世威印象深刻，那些企业家们走过的弯路也给了他很多思考与启迪。

在校园的这几年，孙世威从未停止前进的脚步，他在不停地摸索与尝试。创业之路，还远远未结束。

## 2. 从明道到微威传媒

毕业之后，孙世威的主要想法是做互联网。他回忆说，当时经常上一个名为“36 氪”的网站，这是一个收集、分享创业信息的网站。“在上面我可以与全国各地的创业者交流。”彼时大学刚毕业的他，并没有什么项目，也没有团队，只能选择先工作。

在上海工作了七八个月后，孙世威参加了一次 36 氪在上海举办的开放日活动，活动后他与当时《天下网商》杂志的主编许维聊天，了解到对方加入了一家名叫“明道”——与企业 OA（办公自动化）沟通、协作为主的公司。“那时公司还处于早期阶段，一共 20 多人。我认为这个项目挺好的，就加入进来。”孙世威接着说，“其实这段经历也相当于在创业了，因为所有的销售、渠道、市场后期都是由我们自己来做”。在公司拿到 B 轮融资的时候，孙世威选择了离开。“主要是因为当时的老板希望继续扁平化的管理理念，而团队的另一些人想把更多的东西加入进来。”由于对企业发展方向有着不一样的理念，孙世威和其他一部分人就从明道离开了。

从明道离开的时候，直播这一形式在国内火了起来。当时的主播都集中在传统的直播平台，比如斗鱼、歪歪、六间房、9158，而这种传统的直播平台还没有用手机直播的“习惯”，所以孙世威想试一试这个方向。“我们当时就想打造一些主播出来。”孙世威说，“当培养了四五十个主播的时候，我发现，培养的主播越多，要求团队运营能力越强。而这几十个主播到底能不能火，能不能赚到钱，这是很随机的。这是一个概率性事件。去年我们签了 500 多个主播，最后只出了 5 个大主播，成功的概率只有 1%”。

在这个过程中，孙世威与他的合伙人在思路方面发生了冲突。于是他选择自己创办新的公司——上海微威文化传播有限公司。

公司一角

孙世威介绍说："公司以主播为主，但我们现在既不是一个直播平台，也不是一个直播公司，我们其实是以运营人和内容节目为主。人的方面，我们想培养一些'网红'，这些'网红'大部分以短视频、图文方式来呈现自己，比如美食达人、旅游健身达人。这样的'网红'并不需要天天直播健身或分享美食，而是通过一些包装，以微博为主吸引一些粉丝。"

公司的另一个盈利项目是和整形医院合作，通过公司去整形的"网红"会获得一定的折扣。孙世威讲道："只要客户有需求，我们的咨询师会带着客户去各家医院详细了解情况，优惠可达10%～20%。"

公司培养的“网红”

谈到公司长远的发展，孙世威希望微威能成为医美领域的一个大数据公司。他们旗下的直播面诊 APP（应用程序）“颜控”已经在开发中。通过市场去发现有整形需求的人，记录他们的数据，分析他们的身体基础状况，为他们量身打造一个变美和健身计划，这是微威传媒将来发展的核心。像是缘分天注定一般，孙世威现在走的路，又和他曾经的生物工程专业关联了起来。“每次回济南，我都会和山大生物系的学长聊一聊，有些问题就会想明白，想通透。在这方面的人脉多一些，就自然会把自己未来的事业和这些优势关联起来。”

### 3. 回忆里的片羽时光

经历的事情，都是宝藏，成功与失败，皆为激励。

在谈及让自己很有成就感的经历时，孙世威分享说：“在菲鼎（文化传播有限公司）时，直播广告的概念是我最早提出来的。我当时是以一个外行人的身份去看直播这个圈子。直播广告到底值多少钱，它的定价体系、服务体系都是我们自己建立的，后来我们还组织了一个直播广告的峰会，整个广告圈的‘大佬’都来了。我觉得这件事情挺让我有成就感的。”能够看到深层次的东西，最终获得行业内的认可，甚至推动大家一起讨论行业未来的发展方向，是让孙世威很高兴的一件事。

坦途与坎坷相依相随，同样是在上升的时期，孙世威也面临过很多难题。“我们后期又探讨了直播电商这么一个东西，一个纯烧钱的项目。我们自己开发了APP，还找了一个团队来具体操作，但中间融资遇到了一些问题。有段时间我抵押过自己的车，我的合伙人也抵押过他在上海的房子，大家都投入了很多精力在里面，但利润并不如预期。这是我们比较困难的时期。”

对于创业这一选择，孙世威认为“有成功的概率”，但前提是要看基础——比如资金够不够多，比如时机够不够好。假如有一个新兴行业尚处于自由竞争阶段，而自己又有一定的经济基础，那么不妨试一试，哪怕失败了也不可怕。“只有亲身经历了一些事，才能明白是怎么回事，也就知道该如何选择。”

毕业5年，孙世威依然心系母校。心怀感恩的同时，他也以过来人的身份就母校在培养创业型人才方面给出了诚恳的建议：一是有创业经历的学长学姐与在校生搭建沟通的平台。孙世威觉得现阶段学校在这一方面是欠缺的。“我们回校后主要就是和老师聊一聊，但是没有机会把自己经历过的事情分享给学弟学妹们。有很多毕业生，虽然自己不创业，但是他们在一些私企或者国企、外企里面做得很好，有很多经验值得分享。我建议学校建立这样一个沟通的平台，及时将过来人的一些经验教训分享给需要的人，解决大家遇到的一些困惑。这是很有意义的。”

二是学校可以通过一些活动，为学生提供一些就业、创业方面的帮助。类似的活动在上海交通大学、复旦大学等高校不足为奇。孙世威参加过这类活动，感触颇深。“这些活动很开放，外校的人也可以参加。参加这些活动，你会了解创业是怎么一回事，如何对接资源等等，可以学到很多东西。这些知识在一定程度上比课本的知识还重要，因为它源于实践，更有说服力。”

“道路”是一个常常被人使用的词语，跌宕起伏的经历、五味杂陈的心情、慢慢积累的经验……经历过的一切就像走过的道路，未知的选择仿若前方的迷雾。在离开校园后的这些年，孙世威尝试过很多选择，走过了许多不同的道路。无论是一帆风顺的坦途，还是令人沮丧的困境，他始终怀着一颗乐观的心往前走，因为他坚信，道路的前方依然有路可走。

# 王锦：稳中求进，步步笙歌

身处轻狂的年纪，许多人打着“无勇敢，不青春”的旗号，快马加鞭地为前程奔驰，虽然恣意，但难免因为不小心而落入失败的泥淖。王锦更像是众人中的“异类”。年轻的他从不一味追求速度，而是稳扎稳打，在坚实的道路上越走越远。

王锦，2014年毕业于山东大学，目前在深圳与他人合伙掌管阿斯特外贸公司。不同于大部分初创者深一脚浅一脚的试探，王锦从开始创业，最突出的关键词便是“稳妥”。凡是着手的事情，他都要求“风险可控”。他告诉我们，从大学开始，自己便不断地给生活做“加法”：参加过“挑战杯”比赛，也在电子设计大赛中拿过国家奖和山东省二等奖。“重要的是，我们应当图一世而非图一时，永远给自己做加法；可以停，但不能做减法。”为了实现自己的既定目标，王锦没有停止过前进的脚步。

刚开始创业，不论大或小，“一定要找一个恰当的切入点”。刚毕业的前5年最为关键，“就像一个赌徒，赌错了，就可能耽误大好前程”。王锦对自己的评价是“办事稳妥”，“不然的话，会多走很多弯路”。求稳也许无法体会到搏击风雨的快乐，但一定是我们人生路上一条铭记在心的法则。

创业的种子，其实早在高中就埋在了王锦的心底。中学时期，王锦便热衷于去学校的阅览室读书。一些财经类的文章、名人传记最令他着迷。马云也成了中学时代王锦的偶像。“不要轻易去否认自己的任何可能，虽然短时间内无法实现，但只要不忘初心，时间会给出答案。”王锦这样鼓励自己。

大学毕业之初，王锦和大多数人一样，心怀远大抱负却也不免迷茫。他的第一份工作是青岛的一家大型公司，尽管公司名字听上去很气派，但月薪却少得可怜。理性的王锦很快意识到了所处环境的不足，他决定去深圳寻找新的出路，而这也成为他人生中的重要转折点。到深圳之后，王锦进入了一家规模相对小一些的公司，经过两年多的训练，他对海外销售、管理、公司架构方面有了较为全面的认识。“后来我去了更小一点的公司，继续积累经验。辗转三家公司后，到第四次，我创建了属于自己的公司。”有前期的经验作积累，王锦选择了机会较多的一线城市作平台，轰轰烈烈的创业之程开始了。

专业不对口，曾经是王锦心中一直耿耿于怀的事情。他告诉我们，他的同学毕业后大都从事了与专业相关的工作，然而王锦毕业后却扎进了与专业毫不相关的外贸行业。“后来，我发现这种专业不对口的情况在其他创业者那里很常见，心态慢慢就放平了。”“与其说大学教给我们的是专业知识，不如说是一种逻辑思维。”专业背景起到的是辅助作用，最重要的还是解决问题的思维方式，“遇到障碍不妨换一种思路，剑走偏锋，也许能开拓出一片新的天地”。

在工作上，王锦可以说已经摸爬滚打出一套经验法则了。当时找合伙人时，王锦看中了对方的产品，对方看中王锦的销售能力。两人一拍即合，便成了相互独立又相互依存的搭档。“看到机会，就要把握机会。”“如果对某个产品有七八成的把握，那么我会立即下订单、备货，营销环节也要下功夫。先进行营销预热，例如留几个好评，同时准备好付费广告，突出关键字，优化产品宣传，就不愁销路。”万变不离其宗，王锦说：“最主要的是要判断这个产品有没有市场，这直接决定了其是否有发展的价值。”

王锦也在营销过程中学会了适当地避开锋芒。“一些大卖家会卖蓝牙耳机之类的电子商品，他们已经把这块市场的资源和通路给霸占了。如果我们进入，也占不到什么便宜。聪明的做法就是避开它的锋芒，而选择卖其他的一些配件。”实际上，这也是王锦选择做跨境电商的原因。他坦言，国内的电商困难重重，利益空间不大。“每一行都有这么一个共同点，即只要是被巨头看上了，那么其他人渴望的那一杯羹就希望渺茫了。”

团队，一直是王锦十分看重的一点。他告诉我们，创业的核心竞争力，就在于团队。众人拾柴火焰高，为了保证每个环节运作正常，王锦常常亲自上阵，筛选人员，组建队伍，进而加以培养、壮大。同时，他向我们提出了“承接性”这一概念，即注重团队内部的紧密联系，使他们环环相扣，以保证整体良好、高效地运作。提起这个话题，王锦像是打开了话匣子。他说：“所有有利于公司发展的制度我会立马去落实，比如付款方式始终是秒付；员工加班会有加班补助；水果、零食、娱乐设施、员工食堂等等一应俱全。”

就如何吸引人才、留住人才的话题，王锦告诉我们，首先应当有真诚的态度，其次是用专业的态度展示公司的规划、发展思路，最后是利益分配要合理，符合对方的预期。员工至上，以人为本。让员工首先尝到共同奋斗的果实，不仅保障了其工作积极性，更会反哺企业的方方面面。正是这种经营理念，为王锦企业的长足发展打下了坚实的基础。

“流水不腐，户枢不蠹。”这句古话同样适用于创业。一成不变只会被日新月异的社会淘汰；保持不断学习的能力，是赢得胜利的首要条件。要不断地完善企业制度，“因为制度的背后是人性，我们必须去了解人性，才会为企业发展获取源源不断的动力”。王锦在这一方面见解独到。他说：“每个企业家都有他的独到之处，都各有千秋，值得我们去观察、学习。”王锦也的确花费了很大的力气去研究创业之道。他曾经花 3 万多元参加了企业管理的学习班，自己认为还是受益匪浅的。“生活就是这样，我们需要成长，而成长的前提便是学习。”

王锦经常读曾国藩的书，他喜欢其中蕴含的情怀和道理。“我们的毛主席也特别欣赏他，说明这个人非常厉害，也更值得我去学习。”他推荐大学生阅读历史人物传记，“你们可以从中收获很多”。

努力，是我们听王锦讲述创业历程时最大的感受。因为是做跨境电商，他需要完成大量的海外交易。时差是他必须面对的问题。之前负责德语区销售的时候，陪着德国客户上下班成了王锦的日常工作。国内下午2点，德国客户刚上班；待到当地下班点时，国内早已到深夜。不知疲倦的交涉、商谈，才换来了现如今公司可观的交易额。不仅王锦如此，"整个公司的员工都可以称为'拼命三郎'，每天干到深夜11点是员工的家常便饭"。努力拼搏如此，骄人的成绩才得以摆在面前。王锦告诉我们，最终目标就是不断脱胎换骨，将自己变得更加优秀。"只有你自己足够优秀，才会有强大的人脉。"而人脉无疑是一家外贸公司的立业根基。

谈及未来的发展规划，王锦认为应当分两个维度看待。第一个就是销量。为了提高业绩，并使得相关政策措施适合公司的发展阶段，财务的正规化是必不可少的。第二个便是人才团队建设。不断提高工作效率，使60～80的人员数量，能创造1.5亿人民币的销售收入。最后，王锦希望员工可以分到股权，更希望能够把公司做大做强，成为一个真正的品牌企业。

"大学期间不要老在寝室待着，多去实践，多去尝试，你会收获很多。"王锦诚恳地提出了自己的建议。如今的他非常感谢之前不断地"折腾""尝试"。"山大的工程训练中心除了可以锻炼我们的动手能力、实践能力外，还给了大家一个与外面世界沟通的窗口。"那时的王锦，就通过工程训练中心结识了通信学院、信息学院的朋友。年轻的思想总是容易碰撞出创新的火花，创业的念头更是深植于抱负远大的少年心中。当时那一批同学中，最后有不少去了深圳、北京等一线城市，寻找属于自己的无限可能。

如今的王锦仍保持着一如既往的清醒。"如果按照当前路线发展的话，我们可以轻松地达到预期的高度，但是我还是决定先埋头铺砖，打好地基，而不是抱着急功近利的心态乱干一气。"的确，如果一味地追求速度，那么即使成果显著，也会像空中楼阁那样摇摇欲坠。欲速则不达，不如脚踏实地，小心谨慎地走好脚下的每一步。

"我们做每件事都要记得自己的价值观，不应当偏离初衷。"王锦对现在的生活还算满意，用他的话来说，创造一些就业机会，影响一些人，传播正能量，这便是自己感觉力所能及、比较有价值的事情了。“之前我是个穷学生，现在工作条件改善了，生活质量提升了，谈不上功成名就，但幸福指数已经明显提升了。”

脚踏实地，心系他人，王锦的创业之路稳妥而又平坦。依旧身处大学校园之中的我们，或许也可以像他一样，学会适当地放下功利主义，舍弃过多的忧虑，尝试将社会价值作为自己的目标，由此可能会敞开一扇新世界的大门，里面光明满布，再无狭隘。

# 张先魁：一个人的朝圣路

我们总说，人生中不可挽回的事太多。经历过巨大苦难的人有权利说："创造幸福和承受苦难属于同一种能力。"

张先魁

周国平在《灵魂只能独行》中谈道：许多人所谓的成熟，不过是被习俗磨去了棱角，变得世故而实际了。那不是成熟，而是精神的早衰和个性的消亡。真正的成熟，应当是独特个性的形成，真实自我的发现，精神上的结果和丰收。

对于什么是“成熟”，本篇的主人公用创业之路为我们做了说明。

张先魁，山东大学商学院2004级本科生。他创办的公司名叫“桔装无忧”，属于互联网和家居相结合的产业。家居产业看似传统，和互联网关系不大，但是“桔装无忧”的整个运行机制、顶层架构、产品类型、推广渠道以及市场模式，都是互联网化的。

2016年下半年，也就是公司成立六七个月的时候，张先魁就拿到了几百万的天使投资，令人羡慕。目前，张先魁的公司已经有30位员工，公司发展得比较快。

张先魁来自鲁西南地区的一个农村家庭，大学时并没有比较好的经济条件。他的创业之路，是一个白手起家的故事。

张先魁坦言，自己是一个“不安分”的人，高一就开始看商业杂志，高三暑假他就给自己定了一个目标——大学期间尽可能通过自己的努力解决生活费甚至是学费问题。基于这个目标，大一到大三这三年时间里，张先魁尝试了三到四个项目的创业，最终都获得了一定的收益。“我们还组建了自己的团队，团队成员目前也在上海发展，有两个合作伙伴也都创立了自己的企业，企业发展得非常好。”

成功从来都不是大风刮来的，他为此付出了许多努力。

大四上半年，张先魁来到了上海，找了一家互联网单位实习，工资只有1200块钱。“每天啃馒头、吃咸菜，工作条件很艰苦，这是一次真正的社会启蒙，真正开启了我的职业旅程。”

从2008～2016年，张先魁在同一个行业里一干就是8年，这段经历给他最深的体会就是“不要轻易换行业，在一个行业里一直做，你会积累很多资源”。

2017年，张先魁创办了公司“桔装无忧”。“许多人会问我为什么要创办这家公司。我觉得这是基于一种积累。在这个行业浸润了七八年，对它已经非常了解，也发现这里面存在空白的市场。所以说没有太多的波澜壮阔、跌宕起伏的情节，就是水到渠成的事情。”

被问及为什么想要踏入这样一个不那么“高大上”的行业时，张先魁说：“创业这件事，对我来说就像田忌赛马。我可以自主选择跟哪些人赛跑，这是创业的精髓。选择竞争不那么激烈的领域，胜出的概率会比较高。”“很多人扎堆涌入金融、IT（信息技术）这样的行业，机遇很多，但这个赛道竞争也会很激烈。所以我选择了另一个人少的赛道。”

而作为一个创业者，最应该具备的“心理素质”是对创业本身的热爱。张先魁认为创业是一种生活方式，它无关乎财富，无关乎成败。“创业之后你会发现，很多东西都变了，你没有时间去陪家人；每天醒来，你面对的都是未知的新的一天；你做的每一个决定可能让公司冲破重围，也可能给公司毁灭性的打击。”

“在这种情况下，如果你对创业没有激情的话，就会很烦，压力很大，这样肯定坚持不下去。如果你只是把它当作一件有挑战性的事情，一种生活方式，你就会觉得创业就像打游戏一样，努力闯关就行。”

在提到瓶颈期时，张先魁坦言：“困难可能一直存在。”要想渡过难关，“要求掌舵人在一开始就展现自己的勇敢和坦诚，勇敢地承担责任。要把问题告诉自己的团队，整个团队一块扛”。

“要把骨干成员聚集在一起，心齐了一切都能过去。”

在给学弟学妹创业提建议时，张先魁说：“大学里系统化的教育是很有必要的。要珍惜四年的大学时光，好好学习文化课，然后站在另一个角度去思考，所学的知识怎样为自己所用。”

“不同的人适合不同的路，不能一概而论。对于那些有创业想法的同学，我希望他们在大学里就放开手脚去尝试，但是不要因此荒废学业。尝试得越多，你在这方面的体会就越深。在这个过程中，不要害怕失败，你做了就是赚了。所谓的‘成功’，不是你得到了什么东西，而是你得到了什么感悟。这就是你与同龄人拉开差距的一个台阶。”

# 张毅龙：创业玩的就是心跳

张毅龙，山东大学历史文化学院档案学专业1995级本科生，深圳亮科光电有限公司总经理。张毅龙说，自己骨子里带着赌性，创业于他而言，是一把豪赌，而他，运气不错。

张毅龙

微软联合创始人保罗·艾伦曾说，比尔·盖茨在哈佛上学期间，打德州扑克输了不少钱。“盖茨也因此学会了如何虚张声势，这给他后来的创业提供了不少帮助。”艾伦揶揄道。

江湖传言，创投圈里的投资人、创业者们没事儿都喜欢聚在一起玩德州扑克。它的玩法很像创业投资，打的是扑克，其实是在锻炼心智，模拟战场。

## 1

山东大学中心校区文史楼旁，有一个小礼堂，每到开放时间，即使离得很远也能听到琴瑟和鸣。20年前，有一群年轻人，每到周末就在这里跳交谊舞，从早到晚，不知疲惫。张毅龙就是其中之一。“别看我胖，我那时候跳得很好，我们还在校园文化节上拿了一等奖。”

“我不喜欢我们专业的课程。”档案学专业，不是张毅龙的兴趣所在，好在，他并没有被条条框框所约束。喜欢经济学的他，常去经济学院蹭课，跟着其他同学学高等数学、线性代数、西方经济学等课程。

对张毅龙而言，大学就像一个张扬个性、可以自由选择的“乐园”。但，“象牙塔”给他的庇护，终究是有时限的。

1999年，为了促进经济增长，缓解就业压力，国家实行大学扩招政策。“毕业的时候，我们觉得世界不一样了，大学生‘贬值’了。”

“山东大学历史文化学院档案学专业毕业”，这张大学文凭在大四毕业时，犹如一个烫手山芋。张毅龙突然有些懵，上哪儿找工作去？

档案学专业最对口的工作，是档案局。毕业后，张毅龙回到老家福建漳州找到一份工作。但去单位报到前，张毅龙获得一个在厦门国际会展中心工作的机会。“厦门毕竟是个大城市。”张毅龙决定去试试。

在会展中心工作一年半后，张毅龙有了一个升职的机会，领导让他去管理新成立的档案室。“我不想继续做跟档案有关的工作，所以就选择了辞职。”

辞掉国企的“铁饭碗”后，张毅龙找了一份五星级酒店的前台工作。选择去酒店工作的原因很简单：这是一家外企，有机会讲英语。张毅龙坦言，这是第一份真正需要靠自己努力的工作。虽然工资降了不少，但张毅龙没有后悔。

不到半年的时间，张毅龙就从前台转到销售岗位。“我比其他人学得快，大概一个月就能熟练操作酒店前台的电脑系统，也能和老外无障碍交流对话，所以领导让我去做销售。”而他，也是从那时开始接触销售，并逐渐锻炼了自己的销售能力，“我现在创业跟那时候做销售有直接关系”。

张毅龙还记得第一次去深圳时的感受。一抬头，是满眼的高楼大厦，这让他十分心动。“看到外面的世界，我觉得厦门太小了，于是毅然辞掉了酒店工作，转身投向了梦工厂——深圳。”

到深圳后，张毅龙的工资再次从2000块降到1500块，但他无所谓。“如果想要学到更多的东西，你一定要舍得付出。”

**2**

毕业后的5年里，张毅龙换了很多工作，做过服装销售，也接触了一段时间的电子产品。创业始终是张毅龙掌心里的“朱砂痣”。“我比较不甘心，不安于现状，总觉得我可以做得更好，所以一直不停地换工作，不停地去尝试。”“喜欢自由，不喜欢拘束，创业是必然的。”

万事俱备后，东风也不会远。

这阵“东风”，从欧洲刮来。张毅龙有个欧洲客户。有一天，客户发来邮件说，想要订购一批LED(发光二极管)灯具。那时张毅龙已经离职了，但他不想放过这个机会，“为什么我就不能自己做呢？”

OKT LIGHTING

公司徽标(LOGO)

文科出身，对电路这些专业技术，张毅龙一窍不通。“那时候，我找到一个做技术的朋友，我把图纸发给他，请他帮忙设计。很快，他给了我设计稿。”这个做技术的朋友，和另一个有管理经验的好友，一起被张毅龙拉来，合伙开起了公司。张毅龙把设计稿发给欧洲客户后，很快就有了第一笔订单。“这个客户比较厚道，给了我们 30％的预付款。”制造业成本低，30％已经可以覆盖这单生意的生产成本。就这样，张毅龙迈出了第一步。

公司产品

交货后，欧洲客户付了尾款，张毅龙的第一桶金就赚了几百万。三十而立，辗转许多工作后，此番算是立住了脚。成立公司，组建工厂，一切都步上正轨。就在这时，张毅龙出事了。

毕业后 5 年里，张毅龙的存款从没超过五位数，突然挣了几百万，这个人生高峰让张毅龙有些得意忘形。“当时觉得年纪轻轻就赚了这么多钱，有点轻狂。”然而，牌局有赢就有输，人生亦如此。

“人生，你在选择，也在被选择。”这次，握有主动权的张毅龙，选择去澳门赌博。短短半年，输得两手空空，“一夜回到解放前”。

在澳门赌博的那半年，张毅龙顾不上公司，员工几乎见不到老板，公司几乎停止运营。“没人管理公司，接不到订单，几乎没有收入，公司成为一个空壳。”当时，很多小股东要求撤资，大家计划宣布公司破产倒闭。张毅龙不服输，他还想赌一把。“这个公司的成立很偶然，即使我输了，大不了一切归零，重新开始。”

张毅龙把房子卖了，把姐姐在深圳的房子拿去抵押，向银行贷款，给工人发工资，维持工厂的正常运转，同时收购想撤资的股东的股份。做这些的时候，看似很坚决，其实张毅龙心里很虚。“那时候，我对未来很迷茫。”那种恐惧，甚至比当年银行存款不超过五位数的恐惧更甚。

因为那时，他已成立家庭，宝宝刚出生，“要给孩子一个稳定的生活”，想到这里，他的心理压力更大了。

在德州扑克里，每一局，赢是小概率事件，输是常态。创业连续成功的难度太大，换一手牌，继续赢牌的概率大幅降低。但张毅龙相信，只要有勇气，能坚持，就总有一手好牌等着你。

上一把，张毅龙输给了自己，这次，他不想输。“创业这把豪赌，想赢得漂亮，就要输得起，熬得住。”

## 3

怀着平和的心态，张毅龙回到公司，默默坚持。幸运的是，公司又慢慢地接到了订单，情况开始好转。“已经到谷底了。如果再不好转，我可能也坚持不下去了。”

公司重回轨道后，张毅龙开始考虑未来的发展方向。这时，一个偶然的订单，让他摸索到未来制造业的趋势——市场细分化、制造个性化。

“当时突然有一个美国公司联系我们，客户所需的产品和我们之前做的不一样。”为了达到客户的要求，张毅龙和他的团队开始上网找资料。经过一番了解后，他发现，美国、欧洲、国内的 LED 灯具生产标准不一样，欧洲的比较乱，产品没有统一的标准；而美国则不同，行业内不仅有严格的生产标准，厂家还少，市场相对空白，利润非常可观。一番比较后，张毅龙决定把企业发展重心放在北美市场。

企业团队成员

如今，亮科光电不管是在美国还是在国内，知名度都挺高。张毅龙认为，这并不是说亮科做得多么好，规模多么大，更多的是因为亮科专注一个产品，一个品牌。

公司一角

“很多大公司会把力量分散到不同市场，像我们这种小公司就把力量集中在一个市场，所以我们在区域市场的竞争上是有优势的。”这也是张毅龙关于制造业的发展趋势的看法。“只有专注细分领域、细分市场，才能准确定位产品市场，逃过垄断型公司的魔爪。”

近年来，实业特别是制造业的发展，一直不被看好，许多企业开始借助资本力量转型。张毅龙却始终没有动摇，他在等待时机。“厂商太多，一定会有一番洗牌，很多公司会被踢出局。”在洗牌到来前，张毅龙认为，公司只要维持正常运营，能活下去就行，等待时机是最重要的。

但，等待的过程并非无所作为。面对目前大批公司打价格战、抢占市场，甚至以次充好以降低成本的行业境况，张毅龙不愿随波逐流。“我们的价格不是最低的，但一定会保证质量。”另一方面，张毅龙还打算加大产品研发力度，提高产品质量，做特色，做品牌，脱离低端品牌市场。此举看似背离行业发展潮流，实则脱离了蝇头小利的局限。

这种超然的眼光，也许要归功于大学四年被他所“嫌弃”的历史学科的熏陶。“我现在很喜欢历史，对历史很感兴趣。”张毅龙坦言，如果再给他一次机会，他希望做一名老师，“把知识经验分享给学生，分享是一件很有成就感的事”。

张毅龙鼓励大学生创业。“可以大胆去拼，去尝试。年轻就有充足的时间去犯错，从头开始。但是，大学毕竟只有四年，之于人生，四年很短暂，对于创业来说，等得起；但对于青春来说，误不起。所以，创业要谨慎，想清楚，不要虚度光阴。”

# 周先宇：创业不能东一榔头西一棒子

周先宇，山东大学计算机学院2002级本科生，2006年毕业之后做过白领，种过金银花，做过证券金融，开过包子店，投资过酒店，目前正在做的是地下管道给排水工程。创业一路走来，他有很多经验教训想要讲给大家听。

周先宇

### 1. 兜兜转转的那几年

我出生在湖北农村，从小就觉得大城市好，毕业后也一心想去沿海城市，所以2006年我一毕业就去了青岛海信。那时候，大学毕业生的工资都在1500元左右。我妹妹在深圳。她告诉我，深圳那边就连普通工人的工资都好几千元，我听着有点心动，心想，与其在海信拿着固定的工资，过着一成不变的生活，不如去深圳闯一闯。

谁知道，这条路一旦开始，就不能回头了。

刚去深圳的时候，我瞄准了证券金融这个行业。我认为，钱生钱的速度快，做跟钱有关系的生意肯定能赚大钱。但那阵子股市跌得很厉害，我觉得肯定还会继续暴跌，就赶紧退了出来，也放弃了继续从事金融工作的想法。

2008年金融风暴后，整个金融行业前景不太乐观。当时有个比我早一年毕业的学长。他是物理专业出身，毕业后在工厂的管理岗位做了4年，2009年进入证券行业，现在也站稳脚跟了。实际上，有很多行业，只要肯用心去做，就会做得很好。

另外有个山大校友，是我的老乡。他刚毕业那会儿很迷茫，常来找我聊天，我俩一起探讨未来的发展方向。摸索了一阵子后，他选择做外贸，主营监控器，将产品出口到欧洲市场。后来，他积累了足够的资源和经验后，创办了自己的公司，坐上了亚马逊跨境电商的"顺风车"，现在发展得很好。

其实，创业这条路上，别人的经验和看法始终是别人的，对个人而言，你对一个行业的认识和了解，你对一件事的热爱和执着，都是成就你事业的关键。

只要用心沉淀，坚持去做，每一个行业都能做出成绩，赚到大钱。

### 2. 辗转各地，最终回到深圳

在深圳发展得并不顺利，于是我去了杭州，开始跑工程业务，但是也没有预想中好。当时我妹妹在湖北老家发展金银花种植业，我觉得这个思路不错，就回老家一起经营。当时我的想法是，前期搞农业生产，规模达到一定程度后，可以找人投资，进行资本运作，说不定，可以成为下一个“褚橙”。为了提高知名度，我们还请中央电视台《致富经》栏目采访，一切进展得似乎很顺利。但我们忽略了一个问题，农业生产周期较长，如果要实现大规模布局，投资回报的速度就比较慢。然而，和我们合作的农民想法比较简单，他们希望上半年付出，下半年就能收回成本，甚至有所盈利；如果在一种产品上看不到成效，他们就会把苗子挖出来再种别的。没有一定的资本支撑，很难完成产品的规模化生产并实现产品的差异化销售，也就是说，“褚橙”的商业模式几乎无法复制。

坚持了两三年，亏了七八十万，我不得不放弃这个想法。

辗转各地后，2010年年底，我再一次回到深圳，重新拾起熟悉的工程业务，专注做地下管道给排水工程。

施工现场

2010～2017年的摸爬滚打，让我对这个行业的生产流程、市场环境等方面有了全方位的了解，积累了不少的资源和经验。其实我完全可以注册一个工程公司，把这份事业长期做下去；但在一个行业做久了，我就想去试试别的行业。

### 3. 再一次尝试

我的一个亲戚当时在惠州开了一家包子铺，一个月净利润可以达到50万元。那时候我就在心里琢磨，在惠州地段很差的地方生意都这么好，如果搬到深圳，生意岂不是更好？

说干就干，我在深圳“复制”了包子铺。可是不知道什么原因，迟迟没有可观的盈利。坚持了一段时间，我就转手卖了包子铺。

就这样，几年下来，我换了好几个行业。现在想来，如果当时坚持做一件事，盯准一个方面，咬着牙坚持下去，不要东一榔头西一棒子，结果可能会更好。

### 4. 哪个时代都不缺机会，重点是人

现在赚钱的机会变少了。你能想到的，别人也能想到，甚至比你想得更早、更全面。刚毕业时，经营淘宝店铺的，轻轻松松就赚个盆满钵满；而现在，你能想到的东西都能在淘宝上找得到，竞争非常激烈。一旦有人吃到螃蟹尝到鲜，大家就会一窝蜂挤上去，稍迟一步就很难成功。

机会不等人，一旦看到好机会，就应该放手去试试。毕业的时候，手机上没有GPS(全球定位系统)，开车都要带着地图，走到一处就停下来看看地图、找找方位。后来GPS定位技术逐渐成熟，带动很多产业的发展，很多人也赶上这个风口赚了大钱。技术革新能够带来很多机会，抓住机会，一定可以获得成功。

机会很重要，但是哪个时代都不缺乏机会；关键是机会来临时，你有没有能力抓住。我有一个大学同学，创业前在华为技术岗位做了几年，后来辞职，和几个朋友做电商。两三年过去了，也没什么起色。我认为，创业不能一时冲动，机会面前不要头脑发热，要看是否做了充足的准备。机会是留给有准备的人的，你什么都没准备好，没有任何创业条件的时候，再好的机会

放在你面前，你也很难成功。

### 5. 年轻就要不怕失败

如果说大学生创业有什么优势的话，那就是年轻，不怕失败。开始时一无所有，也就没有太大的心理负担。如果不趁着年轻闯一闯，以后的阻力会越来越大。

我有很多失败的经历，甚至说，创业路上很少有成功的时候，但我还是一直坚持创业。这已经成为一种习惯。回头反思自己的创业经历，有两个教训：一是，做事之前，一定要对这个行业和社会环境有一定的了解；二是，坚持下去。

与大家共勉。

**图书在版编目(CIP)数据**

山大创业者在路上/曹利华著. —济南:山东大学出版社,2019.11

ISBN 978-7-5607-6506-8

Ⅰ.①山… Ⅱ.①曹… Ⅲ.①高等学校—创造教育—研究—山东 Ⅳ.①G640

中国版本图书馆CIP数据核字(2019)第271915号

责任编辑:李艳玲

封面设计:张智睿　卜元媛

出版发行:山东大学出版社

社　址　山东省济南市山大南路20号

邮　编　250100

电　话　市场部(0531)88363008

经　销:新华书店

印　刷:山东和平商务有限公司

规　格:720毫米×1000毫米　1/16

13.75印张　210千字

版　次:2019年11月第1版

印　次:2019年11月第1次印刷

定　价:39.00元